# A NEW EARTH

*Awakening to Your Life's Purpose*

意識が変わる
世界が変わる

# ニュー・アース

Eckhart Tolle
エックハルト・トール
Toshiko Yoshida
吉田利子＝訳

サンマーク出版

This is a Namaste Publishing Book.

ニュー・アース◉目次

## 第一章 私たちはいますぐ進化しなければならない



## 第二章 エゴという間違った自己のメカニズム

## 第三章 エゴを乗り越えるために理解すべきこと

## 第四章 エゴはさまざまな顔で いつのまにか 私たちのそばにいる

## 第五章 ペインボディ——私たちがひきずる過去の古い痛み



## 第六章 「いまに在る」という意識が私たちを解放する

## 第七章 ほんとうの自分を見つける

第八章
# 内なる空間の発見

## 第九章 人生の目的は「何をするか」ではなく「何者であるか」



## 第十章 新しい地

# 第一章

# 私たちはいますぐ進化しなければならない

# 花、開く

一億一千四百万年前のある朝、夜が明けてまもないころ、昇る朝日を受けて一輪の花がぽっかりと開く。地球という星の最初の花だ。すでに何百万年か前から地球には植物が茂っていたが、この最初の開花は植物という生命体の画期的な進化と変容を告げる出来事だった。しかし最初の花はたぶん長くはもたず、その後も依然として開花はめったにない特殊な現象に留《とど》まっていたことだろう。花々が広く咲き誇るための条件はまだ整ってはいなかったはずだから。だがある日、植物の進化は決定的な閾値《いきち》に達し、地球のありとあらゆるところに――それを目撃して認識できる存在があったとすれば――色彩と香りが爆発的に広がり始める。

それからだいぶたって、私たちが花と呼ぶ香り高く繊細な存在は、他の種《しゅ》の意識の進化に欠かすことのできない役割を担いだす。人類はますます花にひきつけられ、魅せられる。人類の意識が進化するなかで、実用的な目的をもたない、つまり生存と結びつかないのに高く評価された最初の対象はきっと花だったに違いない。花々は無数の芸術家、詩人、神秘主義者にインスピレーションを与えてきた。イエスは、花について思え、そして花から生き方を学べ、と語った。ブッダはあるとき、弟子たちを前に一本の花を掲げ、「黙して語らなかった」という。しばらくして弟子たちの一人、摩訶迦葉《まかかしょう》（マハーカッサパ）という僧が微笑《ほほえ》んだ（拈華微笑《ねんげみしょう》）。摩訶迦葉だけがブッダの沈黙の教えの意味を理解したのだ。言い伝えによれば、この微笑（悟り）はその後二十八代の師に伝えられ、やがて禅の始まりになった。
花に美を見出すことを通じて、人類はほんのつかの間であれ、自分の最も内なる存在の核心にある美や本質に目覚めるのではないか。

**美というものの最初の認識は、人類の意識の進化にとって最も重要な出来事の一つだった。** その認識と本来的に結びついているのが喜びと愛という感情である。それとははっきりと気づかないうちに、花々は私たちにとって、自らのなかの最も高貴で聖《きよ》らかな、究極的には形になり得ないものを表現するものになった。生まれ出るもとの植物よりもっとはかなくて美しく繊細な花々は別の領域から来たメッセンジャー、物理的な形の世界と形のない世界をつなぐ橋のようなものだ。花々には人々を喜ばせる繊細な良い匂《にお》いがあるだけではなく、霊性の領域の香りをも運んでくる。「悟り」という言葉をふつうに言われるよりも広い意味で使うなら、私たちは花々に植物の悟りを見ることができる。

どの領域のどんな生命体も――鉱物、植物、動物、あるいは人間も――「悟り」を体験すると言える。だがそれは進化の延長ではないからこそ、きわめて稀《まれ》な出来事だ。発展のなかの断絶、まったく別のレベルの存在への飛躍、そして何より大事なことに物質性の減少を意味するのである。

あらゆる形のなかでも最も密な岩、それよりもさらに重くて固いものがあるだろうか？　しかしその岩のなかには、分子構造に変化が起こって、光を透過させる結晶と化すものがある。

また炭素のなかには想像を絶する熱と圧力を経てダイヤモンドになるものがあるし、その他の貴石と化す重い鉱物もある。

あらゆる生物のなかでも最も地に縛りつけられている爬虫類《はちゅうるい》のほとんどは、何百万年も変わらず地を這《は》い回っていた。だがそのなかには羽や翼が生えて鳥になり、長いあいだ彼らをつなぎとめてきた重力に挑んで羽ばたいたものがあった。彼らは這い回ったり歩き回ったりすることが巧みになったのではなく、這い回り歩き回ることを完全に超えた。

有史以前から花々や結晶、貴石それに小鳥は、人類の魂にとって特別の意味をもっていた。もちろんいずれも、他のあらゆる生命体と同じくすべての源であるひとつの「生命」、ひとつの「意識」が一時的に形となって現れたものだ。これらがなぜ特別の意味をもち、なぜ人類がこれほど魅了され共感を覚えるのか、それはその美という特質に帰することができるだろう。

人間がある程度「いまに在る」という本質的な生き方ができるようになり、外界への静かで鋭敏な意識が芽生えると、生命の聖なる本質、つまりすべての生物、あらゆる生命体に存在する意識あるいは魂を感じ取り、それが自分自身の本質でもあると気づいて愛するようになる。だがそれまでは、たいていは外形的な姿ばかりを見て、内なる本質になかなか気づかない。自分自身の本質がわからず、肉体的、心理的な形が自分であると信じ込む。

しかし先に述べた「いまに在る」生き方にろくに、あるいはまったく達していない者でも、花や結晶や貴石や小鳥に物理的な存在以上のものを感じ取って、それがひかれる理由だと自覚しないままに、同じ仲間だと親近感を覚えることがある。これらは美しいがゆえに、他の生命体ほどには内なる魂が形に曇らされていない。ただ生まれ落ちたばかりの生命体――赤ちゃん、子犬、子猫、子羊など――はちょっと違う。生まれたばかりの生き物は脆《もろ》くて華奢《きゃしゃ》で、まだ物質性がさほど確立していない。この世のものならぬ無垢《むく》で甘やかな美が輝き出ている。だからどちらかというと鈍感な人でさえ、赤ん坊を見ればなんだか嬉《うれ》しくなる。

そこで花や結晶や小鳥の名称を意識せずに虚心に見つめ、思いを寄せると、形のないものへの窓口が見えてくる。ほんのわずかな隙間《すきま》ながら、魂（スピリット）の領域に通じる内なる道が開けるのだ。だからこの三つの「悟りに達した」生命体は、古代から人類の意識の進化のなかで非常に重要な役割を演じてきた。たとえば、なぜ蓮華《れんげ》の玉が仏教の中心的象徴になったのか、なぜキリスト教では白い小鳩《こばと》が聖霊を表すのか。これらは**人類に運命づけられた地球的意識のさらに奥深い変化**への土台を準備してきたのである。その変化こそ、いま私たちが目《ま》の当たりにしようとしているスピリチュアルな目覚めなのだ。

## 変化をもたらすためのツール

人類の意識の変容への準備、どれほど美しい花もこれに比べれば色あせてしまうほど根源的で奥深い内なる開花への準備は整っているのだろうか？　人間は、条件づけられた鈍くて重い心の構造から脱却して、いわば結晶や貴石のように、意識の光を透過させることができるのか？　物質主義と物質性の重力を拒否し、エゴを支え一人一人を個としての存在に閉じ込めておく形への同一化から抜け出して、飛び立つことができるのか？

このような変容は可能だ。それが人類の偉大な智恵《ちえ》が教える中心的なメッセージである。そのメッセージを伝えた人々は――ブッダ、イエス、その他名前が知られていない人々も――すべて、早い時代に開いた人類の花だ。彼らは先駆者であり稀少《きしょう》で貴重な存在だった。花々が広く咲き誇る時期はまだ来ていないし、彼らのメッセージの多くは誤解され、しばしば大きく歪《ゆが》められてきた。そしてごく少数を除いて、人類の行動が変わらなかったことも確かである。

ではこれら初期の指導者たちの時代に比べて、いまのほうが人々の準備は整っているのだろうか？　どうすればそれがわかるのか？　この内的な変化をもたらす、あるいは加速することができるとしたら、何をすればいいのか？　古いエゴイスティックな意識の特徴はどんなことで、どんなしるしを見れば新たに芽生えようとする意識がわかるのか？

本書ではこうした核心的な問題を取り上げる。だがもっと重要なのは、新しい意識から生まれた本書自体が、変化をもたらすためのツールだということだ。ここに示される考え方や概念も重要だろうが、しかしそれは二次的なことである。目覚めへの道を指し示す道標にすぎない。本書をお読みになるうちに、あなたのなかで変化が起こるだろう。

**本書のいちばんの目的は、読者の頭に新しい情報や信念を付け加えることでも、何かを説得することでもなく、意識を変化させること、つまり目覚めさせることだ。**その意味では本書は「おもしろく」はないかもしれない。おもしろがるとは、対象から距離を置いて、考え方や概念を頭のなかでもてあそび、同意したり反論したりすることだからである。

**本書の当事者はあなた自身だ。あなたの意識の状態が変わらないなら、本書の意味はない。**だが目覚めることができるのは、準備が整った者だけだ。まだ全員というわけではないが、準備ができている人は多いし、一人が目覚めるたびに集団的な意識のうねりは大きくなり、その他の人々の目覚めが容易になる。目覚めるということの意味がわからない方は、本書を読み続けていただきたい。**目覚めることによってのみ、目覚めるとは何なのかが、ほんとうに理解できる。**わずかに垣間《かいま》見るだけでも目覚めのプロセスが始まるには充分だし、いったん始まったプロセスは後戻りしない。本書を読むことでそのプロセスを垣間見る人もいるだろうし、自分では気づいていなくてもすでにプロセスが始まっている人も多いだろう。その人たちは本書を読むことでプロセスに気づくはずだ。またある人々にとっては喪失や苦しみが、また別の人々にとってはスピリチュアルな指導者や教えに触れ、人生を変えるような本(そのなかには私の著書『さとりをひらくと人生はシンプルで楽になる』〔徳間書店刊〕も含めたい)を読むことが、あるいはこれらの組み合わせが、目覚めのきっかけになるかもしれない。あなたのなかで目覚めのプロセスがすでに始まっているとしたら、本書によってそのプロセスは加速され、充実したものになるだろう。

**目覚めに不可欠なのは目覚めていない自分を自覚すること、**エゴイスティックに考え、話し、行動する自分と、そういう目覚めていない状態を持続させている、人類に刷り込まれた思考プロセスを認識することである。だから本書ではまずエゴの主な側面に目を向け、それが個人や集団でどう働いているかを考える。これには二つの重要な理由がある。

第一の理由は、エゴが働く基本的な仕組みを知らなければエゴを認識できず、そのためにだまされっぱなしで何度でもエゴを否認することになるからだ。つまりあなたは支配され、操られ続ける。

第二の理由は、認識そのものが目覚めの一つの方法だからである。自分のなかの無意識を認識するとき、認識を可能にするのは意識の覚醒《かくせい》、つまり目覚めである。エゴと闘っても勝ち目はない。闇《やみ》と闘えないのと同じである。必要なのは意識という光のみである。そして、その光はあなたなのだ。

## 人間に固有の機能不全

古い宗教やスピリチュアルな伝統をよくよく見れば、表面的な違いはどうあれ、その多くに共通する二つの中心的な洞察があることに気づくだろう。その洞察を表す言葉は異なるが、どれも基本的な真実の二つの面を指し示している。一つは**ほとんどの人間の「ふつうの」精神状態には機能不全、もっと言えば狂気と呼べるような強力な要素が含まれている**ことだ。とくに手厳しいのはヒンズー教の中核となる教えの一つで、この機能不全を集団的な精神病と見なし、マーヤー、妄想のベールと呼ぶ。インドの偉大な賢者の一人ラマナ・マハリシは、「心とは妄想である」と言い切っている。

仏教では別の言葉を使う。ブッダによれば、ふつうの状態の人間の心はドゥッカ、苦を生み出す。苦、不満、惨めさである。ブッダはそれが人間の置かれた状況の特徴だと見た。どこにいても、何をしていても、あなたはドゥッカにぶつかるし、ドゥッカは遅かれ早かれあらゆる状況に現れる、とブッダは言う。

キリスト教の教えでは、人類という集団のふつうの状態が「原罪」である。罪という言葉は大いに誤解され、間違って解釈されてきた。新約聖書が書かれた古代ギリシャ語を文字通りに訳せば、罪とは射手の矢が標的からそれるように的を外れることだ。したがって、罪とは的外れな人間の生き方を意味する。先を見ないで不器用に生きて苦しみ、人をも苦しませるのが罪なのだ。文化的な覆いや誤解をはぎ取ってみると、ここでも人類の状況に固有の機能不全を指していることがわかる。

人類がめざましい発展をしてきたことは否定できない。人間は音楽や文学、絵画、建築、彫刻などの数々の傑作を生み出してきた。さらに最近では科学技術の発達によって暮らし方がまったく変わり、ほんの二百年前なら奇跡としか思えなかったことも可能になった。これは疑いようがない。人類は大変に知的なのだ。だがその知性は狂気を帯びている。科学技術は人類の精神につきまとう機能不全が地球に、他の生命体に、そして人類自身に及ぼす破壊的影響をさらに拡大してきた。だからその機能不全、集団的狂気は二十世紀の歴史で最もあらわになった。しかもこの機能不全は現実に強化、加速されている。

第一次世界大戦は一九一四年に勃発《ぼっぱつ》した。恐怖と貪欲《どんよく》さと権力欲が引き起こす破壊的で残虐な戦いは、宗教やイデオロギーに基づく奴隷制や拷問、暴力の蔓延《まんえん》と同様に、人類の歴史を通じてありふれた出来事だった。人類にとっては自然災害よりもお互いが引き起こす災厄の苦しみのほうがはるかに大きかったのである。しかし一九一四年を迎えるまでに、きわめて知的な人類はエンジンだけでなく爆弾、機関銃、潜水艦、火炎放射器、毒ガスを発明していた。狂気に仕える知性！　戦況が膠着《こうちゃく》したフランスとベルギーの国境付近では、泥土を数マイル前進するために数百万の男たちが塹壕《ざんごう》で死んでいった。一九一八年に戦いが終わると、生き残った者たちは信じがたい思いと恐怖で破壊の跡を見つめた。一千万人が殺され、さらに多くが負傷し、身体の一部を奪われた人々もいる。人類の狂気がこれほどの破壊をもたらしたことも、それがこれほど白日の下にさらされたこともかつてなかった。しかもこれがほんの始まりだとは、誰も知る由《よし》もなかったのである。

二十世紀の終わりまでに、同じ人類の手で暴力的な死を遂げた人々の数は一億人を上回った。

国家間の戦争だけでなく、スターリン統治下のソ連で「階級の敵、スパイ、裏切り者」として殺された二千万人や、ナチス・ドイツによる筆舌に尽くしがたい恐怖のホロコーストの犠牲者たちのように、大量殺戮《さつりく》や集団虐殺によって死んでいった人々もいる。さらにスペイン内戦や、人口の四分の一が殺害されたクメール・ルージュ体制のカンボジアなど、数え切れない内戦の犠牲者もいた。

　このような狂気が衰えるどころか二十一世紀のいまも続いていることは、日々のテレビニュースを見るだけですぐにわかる。人類の集団的な機能不全のもう一つの側面は、他の生命体と地球そのものに人間たちが振るっている暴力だ。酸素を生み出す森林や植物、動物の破壊と殺害。工場式農場における動物虐待。河川や海、大気の汚染。人間たちは欲に駆られ、自分と全体のつながりを理解せず、ほうっておけば自滅につながるだけの行動をいまも続けている。

　人間の存在の核心にある集団的狂気が引き起こす出来事は、人類史の大きな部分を占めている。**人類の歴史は、おおまかに言えば狂気の歴史なのである。**これが個人の病歴だとしたら、こんな診断がつくに違いない。慢性的偏執性妄想、「敵」と思い込んだ――自らの無意識の投影である――相手への病的殺人癖と暴力と残虐性。たまに短期間正気を取り戻すだけの犯罪狂。

　恐怖、貪欲さ、権力欲は、国家や民族、宗教、イデオロギー間の戦争と暴力の心理的動機となっているだけでなく、個人の人間関係の絶え間ない葛藤《かっとう》の原因でもある。これが他人だけでなく自分についての認識を歪める。そのためにあらゆる状況を間違って解釈し、恐怖を解消しよう、「もっと多く」を求める自分の必要性を満たそうと、間違った行動に出る。この「もっと多く」という欲求は、決して満たされることのない底なしの穴だ。

しかしこの恐怖と貪欲さと権力欲はここで言う機能不全そのものではなく、それぞれの人間の心のなかに深く根を下ろした集団的妄想という機能不全の結果である。多くのスピリチュアルな教えは、恐怖と欲望を捨てなさいと言う。だがこの試みはたいていはうまくいかない。機能不全の根源に取り組んでいないからだ。恐怖と貪欲さと権力欲は究極の原因ではない。もっと良い人間になろうと努力するのは確かに立派でほめられるべきことのようだが、当人の意識に変化が起こらない限り、結局は成功しない。良い人間になろうとするのもまた同じ機能不全の一部で、微妙でわかりにくい形ながら、やはりエゴイスティックな高揚感、自意識や自己イメージの強化を求める欲であることに変わりはない。良い人間、それは、なろうとしてなれるものではない。**すでに自分のなかにある善を発見し、その善を引き出すことでしか、良い人間にはなれない。**だがその善を引き出すためには、意識に根本的な変化が起こる必要がある。

もともとは高潔な理想から始まった共産主義の歴史は、人々がまず自分の意識状態という内なる現実を変化させようとせずに、ただ外部的現実を変えようと——新しい地を創造しようと——試みるときに何が起こるかを明白に示している。共産主義者は、すべての人間がもっている機能不全の青写真を考慮せずに行動計画を立てた。その機能不全とはエゴである。

# 新しい意識

古い宗教やスピリチュアルな伝統のほとんどに共通する洞察がある。われわれの「ふつうの」精神状態には基本的な欠陥があるということだ。しかし人間存在の本質に関するこの洞察——これを悪いニュースと呼ぼうか——から、第二の洞察が生まれる。人間の意識の根源的変化の可能性という良いニュースである。ヒンズーの（仏教にも共通する）教えでは、この変化を「悟り」と呼ぶ。イエスの教えでは「救済」、仏教では「苦滅諦《くめつたい》」と言う。「解放」や「目覚め」という言葉が使われることもある。

人類にとって最大の成果は芸術作品でも科学でも技術でもなく、自らの機能不全、狂気の認識だ。遠い昔にすでにこの認識に到達していた人々がいた。たぶんこの機能不全を最初に絶対的な明晰《めいせき》さで見抜いたのは、二千六百年前のインドにいたゴータマ・シッダルタである。ほぼ同時に中国にも目覚めた人類の教師が現れた。その名を老子という。老子は最も深い霊的な書物の一つである『道徳経《どうとくきょう》』という形で、その教えを遺した。

もちろん自らの狂気を認識することが正気の台頭であり、治癒と変容の始まりである。**すでに地球上には意識の新たな次元が現れ、最初の花々が少しずつ開き出している。**これまでごく少数ではあるが、同時代人に語りかけた人たちがいた。彼らは罪について、苦しみについて、妄想について語った。「自分の生き方を見てごらん。自分が何をしているか、どんな苦しみを生み出しているかを見てごらん」と。それから彼らは「『ふつうの』人間存在という集団的な悪夢から目覚めることができるのだよ」と指摘した。彼らは道を示した。

この人たちは人類の目覚めに必要不可欠だったが、世界の側の準備はまだできていなかった。だからたいていは同時代人に、そして後世の人々にも誤解された。彼らの教えはシンプルで力強かったが、歪められ、間違って解釈され、場合によっては弟子たちに誤って記録された。何世紀かが過ぎるあいだ、本来の教えとは何の関係もない、それどころか基本的な誤解を反映する多くのことが付け加えられていった。これら人類の教師たちのなかには馬鹿にされ、罵《ののし》られ、殺された者さえいた。またある者は神として崇《あが》められた。人類の精神の機能不全を克服する道、集団的狂気から脱出する方法を示した教えは歪められ、それ自身が狂気の一部となった。

こうして、宗教は人々をまとめるよりもむしろ分断する力となってきた。生きとし生けるものはひとつであるという認識を通じて暴力や憎悪に終止符を打たせるのではなく、もっと激しい暴力や憎悪を引き起こし、人間同士を、異なる宗教を、さらには同じ宗教の内部までを分裂させたのである。宗教はイデオロギーになり、人々が自分を同一化させ、間違った自我意識を強化しようと試みる信念体系になった。人々はこの信念をよりどころに自分が「正しく」て相手が「間違っている」と断じ、敵を、「他者」「異端」「間違った思想の持ち主」と呼んだ。それによって自分のアイデンティティを確立しようとし、対立者の殺害すらもたびたび正当化した。人間は自分の姿を象《かたど》って「神」をつくった。永遠、無限、名づけようのない真実は、「私の神」「私たちの神」として信じ崇拝すべき偶像に堕落した。

だが――宗教の名ではびこってきたこのような狂気の行動にもかかわらず――それでもなお――核心部分では各宗教が指し示した真実が依然として輝いている。どれほどかそけき光であろうとも、何層もの歪曲《わいきょく》や誤解を貫いていまも輝き続けている。ただし人は自らのなかにその真実の片鱗《へんりん》を垣間見ない限り、その光を認識できない。

歴史を通じて少数ながらつねに意識の変容を経験し、すべての宗教が指し示すものを自らの内に発見した人々がいた。彼らはこの概念化できない真実を表現するために、それぞれの宗教の概念的枠組みを利用した。

主要な宗教のいずれにも、このような人々が起こした「宗派」や運動があり、そこでは本来の教えの光が再発見されているだけでなく、場合によってはさらに強く輝き出した。キリスト教の初期及び中期のグノーシス主義や神秘主義、イスラム教のスーフィズム、ユダヤ教のハシディズムやカバラ、ヒンズー教のアドヴァイタ・ヴェーダンタ、仏教の禅や不二一元論（ゾクチェン）などである。これらの宗派のほとんどは因習を打破し、偶像を破壊した。宗教につきまとう何層もの概念化と信念構造の殻を打ち破り、それゆえにほとんどが既成宗教のなかで疑惑の目を向けられ、多くは敵意にさらされた。主流の宗教と違って、これらの宗派の教えは認識と内なる変化を強調した。主要な宗教はこのような秘教的な教えや運動を通じて本来の教えがもつ変容力を回復したのだが、ほとんどの場合、そこに近づけるのはごく少数の人々だけだった。多数派の深い集団的無意識にそれなりの影響を及ぼせるほど、その人々の数が増えることはなかった。また時の移り変わりとともに、これらの秘教的宗派そのものが硬直し、形骸化《けいがい》し、概念化して、効力を失っていった。

## スピリチュアリティと宗教

新しい意識の高まりのなかで、既成宗教はどのような役割を担うだろう? 多くの人々はすでにスピリチュアリティと宗教の違いに気づいている。信念体系——自分が絶対的真実だとみなす一連の考え方——は、どのようなものであれ、持ち主をスピリチュアルにはしない。それどころかその考え方(信念)と自分を同一化すればするほど、自分のなかのスピリチュアルな面から切り離されていく。「信仰心篤《あつ》い」人たちの多くはこのレベルに留まっている。思考を真実と同一視し、その思考に自分を完全に同一化しているので、自分だけが真実を知っていると主張するが、実は無意識のうちに自分のアイデンティティを守ろうとしているだけだ。この人たちは思考の限界に気づかない。自分の行動と信念に完全に同意しない人間は間違っていると決めつけ、そう遠くない過去には、相手を殺害することも正当化されると考えていた。いまでもそう思っている人たちがいる。

**新しいスピリチュアリティ、意識の変容は、たいてい制度化された宗教の外で起こる。**思考と概念に支配されたこれまでの宗教でも、その一部には必ずささやかにスピリチュアリティが宿る場所があった（宗教組織はそれに脅威を感じ、多くの場合、抑圧しようとした）。しかし宗教構造の外側で生じたスピリチュアリティの大きなうねりとなるとまったく新しい現象で、これまでは、とくに西欧では考えられなかった。西欧文明はすべての文明のなかで最も理性を重視する文明だったし、スピリチュアリティに関しては事実上キリスト教の教会による独占体制が確立していたからだ。教会の許しもなくいきなり立ち上がってスピリチュアルな話をしたり、スピリチュアルな本を出版したりすることは不可能だったし、そんなことをしようものならたちまち沈黙させられただろう。ところがいまでは教会や宗教のなかにも変化の兆《きざ》しが現れている。これは嬉しい兆候だ。ヨハネ・パウロ二世によるモスクやシナゴーグ訪問もささやかではあるが嬉しい開放への歩みだった。

既成宗教の外側で盛り上がってきたスピリチュアルな教えの影響に加え、古い東洋の智恵が流れ込んだことも大きな力となって、伝統的な宗教の信者にも形や教義、硬直した信念体系へのこだわりを捨て、スピリチュアルな伝統に隠されていた深さや自分自身の深さを発見する人たちが増えてきた。この人たちは**自分が「スピリチュアル」かどうかは何を信じているかではなく、どんな意識の状態にあるかによって決まる**ことに気づいている。そしてそれがその人の行動や人間関係を決定する。

形を超えた向こう側を見ることができない人たちは、自分の信念に、つまり自分のエゴイスティックな心にいっそう深く囚《とら》われてしまう。現在、かつてなかった意識のうねりが見られるが、同時にエゴの壁も分厚く強化されている。一部の宗教組織は新しい意識に向かって開かれるだろうが、さらに頑《かたく》なに自分たちの立場や教義にこだわり、人間の集団的エゴの自衛と「反撃」の構造の一部になる宗教もあるだろう。一部の教会、宗派、カルト、宗教運動は基本的には集団的エゴで、自分たちの主義主張に頑固にしがみつく。現実に対する別の解釈を認めない閉鎖的な政治イデオロギーの信奉者と少しも変わらない。

だが、**エゴは解体される運命にある。**その硬直化した構造は、宗教であれその他の制度、企業、政府であれ、一見どれほど強固に見えようとも内側から崩れていくだろう。いちばん硬直した、いちばん変化しにくい構造がまず崩壊する。ソ連の共産主義が良い例で、どれほど頑固に守りを固め、どれほど頑強な一枚岩に見えたかしれないが、ほころびが見えたほんの数年で内部から崩壊してしまった。しかも、誰もその崩壊を予測できなかった。すべてが突然で、誰もが驚いた。このような驚きがこれからもたくさん、私たちを待っているはずだ。

## 変容の緊急性

古い生き方や相互関係、自然との関わりがうまくいかなくなり、根源的な危機が起こって、どうにも解決不可能と見える問題によって生存が脅かされると、個々の生命体——あるいは種《しゅ》

——は死ぬか、絶滅するか、進化の飛躍によって置かれた条件の限界を乗り越える。

地球の生命体はまず海で進化したと考えられている。地上にまったく動物がいなかったころ、海のなかには生命があふれていた。それからいずれかの時点で、海の生物のあるものが乾いた地上への進出という冒険を余儀なくされた。たぶん最初はほんの数センチ這い上り、巨大な重力にへとへとになって、重力をほとんど感じず楽に生きられる水中に戻ったのだろう。だが再び地上への進出を試み、また試み、何度も試み続けて、やがて地上の生活に適応し、ひれの代わりに足が生え、えらの代わりに肺が発達する。よほどの危機的状況に突き動かされなければ、種がこんな不慣れな環境に挑んで進化上の大変化を遂げるとは考えられない。海の一部が大洋から切り離され、何千年かかけて徐々に干上がっていって、魚は生息地を離れて進化するしかなかったのかもしれない。

**生存を脅かす根源的な危機に対処する——これがいま、人類に突きつけられた課題である。**すでに二千五百年以上も前に古代の智恵ある教師たちが見抜いていた、そしていまは科学技術の発達によってますます拡大されつつある、人間のエゴイスティックな思考に固有の機能不全、これが初めて地球上の生命の存続を脅かしている。ごく最近までは——これも古代の教師たちが指摘していた——人間の意識の変容はただの可能性にすぎず、ばらばらに離れたところで文化的宗教的な背景とは関わりなくごく少数の個人が実現しただけだった。人類の意識の開花が広がらなかったのは、それほどの緊急性がなかったからだ。

地球上の相当数の人々が（まだ気づいていないとしても）まもなく気づくだろうが、**人類はいま、進化するか死滅するかという重大な選択を迫られている。**そして古いエゴの思考パターンの崩壊と新たな次元の意識の芽生えを体験している人々はまだ比較的少数であるものの、その数は急激に増加しつつある。

いま生まれているのは、新しい信念体系でも新しい宗教やスピリチュアルなイデオロギーでも神話でもない。神話だけではなくイデオロギーも信念体系も終わろうとしている。変化は人々の心や思考よりも深いところで起こっている。それどころか新しい意識の核心は思考の枠を超えることにある。思考よりも高い場所に上り、思考よりもはるかに広い次元が自分自身のなかにあることに気づく新たな能力だ。そのとき人は自分のアイデンティティを、自分が何者であるかの根拠を、いままで自分自身と同一視していた絶え間ない思考の流れには求めなくなる。「自分の頭のなかの声」が実は自分ではないと気づくと、すばらしい開放感を味わう。では自分とは何なのか？　自分とは、思考する自分を見ている者だ。思考よりも前にある気づきであり、思考が――あるいは感情や知覚が――展開する場である。

エゴとは、形への自分の同一化にすぎない。その形とは何よりも思考の形である。悪に現実性があるとしたら――絶対的な現実性ではなく相対的な現実性だが――それもまた形（物理的な形、思考の形、感情の形）との全的な同一化と定義できる。そのために、自分が全体とつながっていること、すべての「他者」及び「生命の源」と本質的に結びついていることとをまったく認識できない。この結びつきを忘れること、それが原罪であり、苦しみであり、妄想なのだ。

この分離、分裂がすべての考え、言葉、行動の底流にあり、それらを律しているとしたら、人はどんな世界を生み出すか？　その答えを知るには人間同士の関わりを眺めれば、歴史書をひもとけば、あるいは今夜のテレビニュースを見ればいい。

**人間の心の構造が変化しなければ、私たちはいつまでも基本的に同じ世界を、同じ悪を、同じ機能不全を繰り返し創造し続けるだろう。**

## 新しい天と新しい地

本書のタイトルは聖書の預言からとっている。人類史のなかで、いまほどこの預言がふさわしいことはないと思うからだ。旧約聖書にも新約聖書にも、これまでの世界秩序の崩壊と[1]「新しい天と新しい地」の誕生を預言する言葉がある。ただしこの天とは空間的な場所のことではなく、内面的な意識の領域であることを理解しておかなければならない。それがこの言葉の奥にある意味で、イエスも教えのなかでその意味で使っている。これに対して地とは形の外的な現れであり、つねに内面を反映している。

**人類の集団的な意識と地球の生命は本質的につながっている。**「新しい天」とは人類の意識の変容の始まりのことで、「新しい地」とはその変容が反映される物理的な領域のことだ。人類の生命と意識は本質的に地球の生命と結びついているから、古い意識が解体すれば、それと呼応して地球の多くの場所で地理的にも気候的にも自然に大きな変化が起こる。その一部を私たちはすでに目にしている。

第二章

# エゴという間違った自己のメカニズム

## 世界をありのままに見る

言葉は発音されても、あるいは声にならず思考に留《とど》まっても、ほとんど催眠術のような力を及ぼす。言葉の前で人は簡単にわれを失い、何かに言葉を貼《は》りつけたとたんに、まるで催眠術にかかったように、それが何であるかを知ったと思い込む。ところが実際には、対象が何であるかなどわかっていない。ただ、謎《なぞ》にラベルを貼っただけだ。小鳥も樹木も、そのへんの石ころでさえ、ましてや人間を究極的に知ることはできない。計り知れない深さをもっているからだ。私たちが感知し、経験し、考えることができるのは現実の表層だけで、海上に出た氷山の一角よりも小さい。

その表面的な見かけの奥ではすべてが全体とつながりあっているだけでなく、すべてが拠《よ》ってきた「生命の源」とつながっている。石ころでさえ、花や小鳥ならなおさらのこと、「神」へ、「生命の源」へ、あなた自身へと戻る道を示すことができる。相手に言葉を付与したり、頭のなかでラベルを貼ったりせず、ただ手にとって、ありのままを見つめれば、驚異と畏敬《いけい》の念が湧《わ》き起こるだろう。対象の本質が無言のうちにあなたに語りかけ、あなたの本質を照らし出す。偉大な芸術家が感じ取り、作品を通して伝えるのはこの本質だ。ファン・ゴッホは「あれはただの古椅子《ふるいす》だ」とは言わなかった。彼は見て、見て、見つめた。その椅子の存在を感じ取った。それからカンバスの前に座り、絵筆をとった。椅子そのものは数ドル程度のものだったかもしれない。だが、その椅子の絵にいまでは二千五百万ドルの値がつく。

**言葉やラベルを貼りつけないで世界をありのままに見れば、はるか昔に人類が思考を使うのではなく思考に縛られたときに失った奇跡のような畏敬の念が甦《よみがえ》る。**人生に深さが戻ってくる。ものごとは再び初々《ういうい》しさ、新鮮さを取り戻す。最大の奇跡は自己の本質を経験できることだ。その本質は言葉や思考や知的なラベルやイメージに先行する。それを経験するためには、「自分（I）」という意識、「在る（Beingness）」という意識を、自分と混同されているすべて、自分を同一化しているすべてから切り離さなくてはならない。自分をモノや事物から切り離すこと、それが本書のテーマである。

ものごとや人や状況に、言葉や知的なラベルを急いで貼りつければ貼りつけるほど、あなたの現実は生命力を失って浅薄になり、現実を生き生きと感じ取れなくなって、あなた自身の内側や周囲で展開されている生命の奇跡に対する感覚が鈍くなる。小賢《こざか》しさは身についても智恵《ちえ》は失われ、喜びや愛や創造性や生き生きした躍動感もなくなる。認識と解釈という生気のない状況のなかで消えてしまう。もちろん私たちは言葉や思考を使う必要がある。言葉や思考にはそれぞれの美がある——だがそこに囚《とら》われてしまう必要があるだろうか？

言葉はものごとを頭で把握できる程度に簡略化する。言語はａｅｉｏｕの五つの母音と、空気圧の調節によって発音されるｓｆｇその他の子音とでできている。こんなシンプルな音の組み合わせだけであなたが何者なのか、宇宙の究極の目的とは何なのかを、いや樹木や石ころについてすら、その深みまで余すところなく説明できるなどと信じられるだろうか？

## 幻の自己

「私（I）」という言葉は、使い方しだいで最も大きな誤りを引き起こすことも最も深い真実を表すこともある。ふつうの意味では、この言葉は（派生語の「私に（me）」「私の（my）」「私のもの（mine）」「私自身（myself）」などとあわせて）使用頻度がいちばん高いだけでなく、最も誤解を生みやすい。日常的な使い方の「私（I）」には根源的な誤りがあり、あなたが何者であるかを誤解させ、ありもしないアイデンティティを意識させる。この幻の自己意識は、時空の現実だけでなく人間性についても深い洞察力を有していたアルバート・アインシュタインが「意識の光学的幻」と呼んだものだ。この幻の自己意識がその後のあらゆる解釈の、というよりも現実に対する誤解のベースになり、すべての思考プロセス、相互作用、関係性に影響する。あなたの現実はこの根本にある幻を反映する。

ところで、良い知らせがある。幻は幻と認識すれば消える、ということだ。幻の認識はまた幻の終わりでもある。あなたがそれを現実と誤解しているあいだだけ、幻は存続する。**自分が何者でないかを見きわめるなかから、自ずと自分は何者かという現実が立ち現れる**。私たちがエゴと呼ぶ間違った自己のメカニズムについて説明する本章と次章をゆっくり慎重に読み進んでくだされば、そうなるはずだ。それでは幻の自己とはどんなものなのか?

あなたがふつうに「私(I)」と言うときに想定しているのは、ほんとうのあなたではない。とんでもない単純化によって、無限の深さをもったあなたが「私(I)」という音声や頭のなかの「私(I)」という概念及びその中身と混同されるからだ。それではふつうに言う「私(I)」やこれと関連する「私に(me)」「私の(my)」「私のもの(mine)」とは何を指しているのだろう?

両親が話す言葉を通じて幼児が自分の名前を覚えると、その名前(言葉)は幼児の頭のなかで一つの思考になり、それが自分と同一視される。この段階では、子どもはよく「ジョニーはおなかがすいた」というように自分を三人称で表現する。まもなく「私、僕(I)」という魔法の言葉を覚え、すでに自分自身と同一視している名前と同じように使いだす。次に、他の思考がこの「私、僕(I)」という思考と混ざり合う。この段階では「私、僕(I)」の一部とみなされるモノを指す「私の、僕の(my)」「私のもの、僕のもの(mine)」という思考がそれだ。このモノと自分の同一化、つまりモノに(つきつめればモノが表している思考だが)自己意識をかぶせることによって、モノから自分のアイデンティティを引き出す。「私の、僕の(my)」玩具《おもちゃ》が壊れたり取り上げられたりすると、とてもつらい。つらいのはその玩具自体がもっている価値のゆえではなく——幼児はすぐに興味を失って、他の玩具やモノに関心を移すだろう——「私のもの、僕のもの(mine)」という考えのゆえである。玩具は幼児が発達させている「自己意識」「私、僕（I）」の一部になっていたのだ。

　子どもが育つにつれ、「私、僕（I）」という思考は性別、持ち物、知覚される身体、国籍、人種、宗教、職業など、他の思考を引き寄せる。他に「私、僕（I）」が同一視するのは――母親、父親、妻などの――役割、積み重ねられた知識や好悪《こうお》などの意見、それに過去に「私に（me）」起こった出来事である（過去の出来事の記憶が「私と私の物語（me and my story）」として自己意識を規定する）。これらは人がアイデンティティを引き出すもののごとのほんの一部にすぎない。そしてどれも、自己意識という衣を着せるという事実によって危なっかしくまとめあげられた思考以上のものではない。ふつう「私、僕（I）」という場合に指しているのは、この精神的な構築物なのだ。もっとはっきり言えば、あなたが「私、僕（I）」と言ったり考えたりするとき、だいたいはその主体はあなたではなく、この精神的な構築物すなわちエゴイスティックな自己のいずれかの側面である。そこに気づいたあとでも、あなたはやはり「私、僕（I）」という言葉を使うだろうが、そのときにはこの言葉はもっと深い部分から発することだろう。

　ほとんどの人は依然として、絶え間ない思考の流れ（大半が無意味な繰り返しである）や衝動的思考に自分を完全に同一化している。この思考プロセスとそれに付随する感情から離れて「私、僕（I）」は存在しない。これはスピリチュアルな無自覚状態を意味する。頭のなかには片時も止まらずにしゃべり続けている声があると言われると、人は「それはどんな声か？」と聞き返したり、そんなことはないとむきになって否定する。聞き返したり、むきになったりするのはもちろん、その声、考えている無意識な心だ。それが人々を乗っ取っていると見ることもできる。

**自分の思考と自分自身とを切り離し、一瞬であっても、考えている心からその背景にある気づきに自分自身のアイデンティティが移行したことがある人は、その体験を決して忘れない。**

またアイデンティティの移行が非常に微妙だったためにほとんど気づかなかったり、理由はわからないままに喜びや内面的な安らぎだけを感じ取る人もいる。

## 頭のなかの声

私が初めてアイデンティティの移行を体験したのは、ロンドン大学の学生のときだった。週に二度、通常はラッシュが終わった午前九時ごろに地下鉄で大学の図書館に行くのが習慣になっていた。あるとき地下鉄で、三十代はじめとおぼしき女性が向かいに座った。それまでも数回、見かけたことがある女性だった。誰もがその女性には気づいたはずだ。地下鉄は満員だったのに彼女の両隣には誰も座らない。理由は、彼女がどうも正気には見えなかったからだ。何やらいきりたって不機嫌な声を張り上げ、休みなく独り言を言っている。自分の頭のなかの考えに夢中で、まわりの人々にも状況にもまったく気づいていないらしい。左斜め下に目をやって、空っぽの隣席の誰かに話しかけているかに見えた。独り言の正確な内容は覚えていないが、こんな調子だった。「そうしたら彼女が私に言ったの……だから、嘘《うそ》つき、よく私が悪いなんて言えるわねって言い返したわよ……いつだって私を利用するのはあなたじゃないの、私は信用していたのに、あなたはその信用を裏切ったんじゃない……」。不当に扱われて、なんとか反論しなくてはいけない、さもないと自分がつぶされるという怒りがその声から伝わってきた。

地下鉄がトッテナム・コート・ロード駅に近づくと、女性は立ち上がってドアのほうへ行ったが、あいかわらず独り言を続けている。私が降りる駅も同じだったから、彼女のあとに続いた。駅を出ると彼女はベッドフォード・スクエアに向かって歩き出したが、なおも想像上の対話を続け、怒った調子で誰かを非難し反論していた。私は好奇心に駆られ、方向が同じあいだはあとをつけてみようと思った。想像上の対話に没頭しながらも、彼女にはちゃんと行く先がわかっているらしく、まもなく大学本部と図書館がある一九三〇年代に建てられたセネート・ハウスの堂々たる姿が見えてきた。私は驚いた。もしや、彼女は私と同じところを目指しているのか？　そう、確かに彼女はセネート・ハウスに向かっていた。教員か学生か、あるいは事務員か司書なのか？　それとも心理学者の調査プロジェクトの被験者？　答えはわからなかった。二十歩ほど後ろを歩いていた私が、建物（皮肉なことに、ここはジョージ・オーウェルの『一九八四年』が映画化されたときに「思想警察」本部のロケ地となった）の入り口に達したとき、もう彼女はエレベーターの一つに乗り込んだあとだった。

私はいま目撃したことに衝撃を受けていた。二十五歳でそれなりに成熟した大学生だったから、自分は知的な人間だと思っていたし、人間存在のジレンマに対する答えはすべて知性を通じて、つまり思考によって見出すことができると信じて疑わなかったのだ。**気づきのない思考こそが人間存在の主たるジレンマである**ことをまだ悟っていなかった。教授陣はすべての答えを知っている賢者で、大学は知識の殿堂だと振り仰いでいた。あの女性のような正気とは思えない人がその大学の一部だなんてことがあるだろうか？

図書館に行く前にトイレに入ったときも考え込んでいた。手を洗いながら、あんなふうになったらおしまいだよな、と思った。すると隣にいた男性がちらっとこちらを見た。私は思っただけでなく、口に出していたことに気づいて愕然《がくぜん》とした。なんてことだ、もうすでに同じだ。自分も彼女と同じように絶え間なく心のなかでしゃべり続けていたのだろうか？　私と彼女にはわずかな違いしかなかった。彼女の思考に圧倒的な優位を占めているのは怒りらしいが、私の場合は不安、それだけだ。彼女は考えを口に出し、私は——たいていは——頭のなかで考えている。もし彼女が異常なら、私を含めて誰でも正気を逸している。程度の違いでしかない。

一瞬、私は自分の心から離れて、いわばもっと深い視点から自分を見ていた。思考から気づきへの瞬間的な移行だった。私はまだトイレにいたが、他にはもう誰もいなかったので、鏡に映る自分の顔を見つめた。そして自分の心から離れたその一瞬に、声を上げて笑ったのだ。狂気じみた笑いに聞こえたかもしれないが、それは正気の笑い、恰幅《かっぷく》のいいブッダの笑いだった。

「人生なんて、お前の心が思い込みたがるほど深刻なものじゃないよ」。その笑いはそう語っているようだった。だがそれもほんの一瞬のことで、たちまち忘れ去られた。それから三年間を私は不安な鬱々《うつうつ》とした気分で、思考する心に自分を完全に同一化して過ごした。気づきが戻ってきたのは自殺の瀬戸際まで行ったあとのことだったが、今度の気づきはつかの間で消えはしなかった。私は衝動的な思考と心が創《つく》り出した間違った自己意識から解放された。

前述の出来事で私は初めて気づきを垣間《かいま》見ただけでなく、人間の知性の絶対的な有効性に対する疑念を初めて植えつけられた。

それから数か月して、この疑念をますます強める悲劇的な事件が起こった。月曜日の朝、深く敬愛していた教授の講義に出たところ、教授は週末に銃で自殺したと知らされたのだ。私は仰天した。大変尊敬されている、そしてすべての答えを知っているかに見えた教授だった。だが私はまだ、思考を培う以外の選択肢を見つけることができなかった。思考は意識のほんの小さな側面でしかないことに気づかず、エゴについて何も知らなかったし、ましてやそれを自分のなかに見抜くことなどできはしなかったからだ。

## エゴの中身と構造

エゴイスティックな心は完全に過去によって条件づけられている。その条件づけは二つの面から行われる。中身と構造である。

玩具を奪われて泣く子どもの場合、この玩具はエゴイスティックな心の中身にあたる。これは他のどんな内容でも、どんな玩具やモノでも代替可能だ。あなたのアイデンティティの中身は環境や育ち、文化によって条件づけられる。子どもが豊かでも貧しくても、動物に似た木切れの玩具でも精密な電子玩具でも、なくしたときの苦しみという点では同じだ。どうしてそんな苦しみが生じるか、その理由は「私の、僕の（my）」という言葉に隠されている。これが構造である。モノとの結びつきによって自分のアイデンティティを強化したいという無意識の衝動は、エゴイスティックな心の構造にしっかりと組み込まれている。

**エゴが生まれる最も基本的な精神構造の一つがアイデンティティである。**「アイデンティフィケーション（同一化）」という言葉の語源は、「同じ」という意味のラテン語idemと、「作る、為す」という意味のfacereだ。何かにアイデンティティを求める、同一化するというのは、「それを同じだとする」という意味なのだ。何と同じだとするのか？「私（I）」である。私はそれに自己意識を付与し、それが私の「アイデンティティ」の一部になる。最も基本的なレベルでのアイデンティティの対象はモノだ。私の、僕の玩具はいずれ私の車、私の家、私の衣服などになる。私はモノに自分自身を見出そうとするが、しかし完全に同一化しきってそこに没入することはできない。それがエゴの運命なのだ。

## アイデンティティとしてのモノ

　広告業界の人間は、ほんとうは必要ないモノを売りつけるためには、それをもっていると自己イメージが、あるいは他者から見たイメージが変化すると消費者に思わせなければならないと知っている。言い換えれば、自己意識に何かを付け加えられます、ということだ。たとえばこの製品を使っているとひときわ目立ちます、だからもっとあなたらしくなれますよ、と言う。あるいは製品から有名人を、それとも若くて魅力的で幸せそうな人間を連想するように仕向ける。昔の人や故人となった有名人の最盛期の姿でもかまわない。このとき無言のうちに想定されているのは、この製品を買えば不思議な作用が働いてあなたは彼らのようになれる、もしくは彼らのイメージとそっくりになれる、ということだ。だから多くの場合、人は製品を買うのではなくて「アイデンティティの強化」を買う。デザイナーズブランドは集団的アイデンティティの最たるものである。デザイナーズブランドの製品は高価だから「排他的」だ。誰でももっていたのでは心理的な価値はなくなり、残るのは物質的価値だけになる。それは値段のほんの一部でしかないだろう。

　何にアイデンティティを感じるかは、人によって、年齢や性別や所得、社会階層、流行、文化などによって大きく異なる。そして何にアイデンティティを感じるかは、エゴの中身と関係する。それに対して何かにアイデンティティを求めたいという無意識な衝動は、エゴの構造のほうと関係している。エゴイスティックな心の最も基本的な作用の一つだ。

逆に、いわゆる消費社会が成り立つのは、人がモノに自分自身を見出そうとする努力がどうしてもうまくいかないからである。エゴの満足は長続きしないから、さらに多くを求めて買い続け、消費し続けなければならない。

もちろん私たちの表面的な自己が生きている物理的な次元ではモノは必要だし、暮らしに不可欠である。住まいも衣服も家具も道具も乗り物も必要だ。それに美や固有の質のゆえに高く評価されるものもあるだろう。私たちはモノの世界を毛嫌いするのではなく、尊重しなければならない。モノはそれぞれ、すべてのものや身体や形の根源である、形のない「生命」に起源をもつ一時的な存在としてあるのだから。古代の人々は無生物も含めたすべてに霊が宿ると信じていた。この点では彼らのほうが現代人より真実に近い。**概念化や抽象化で生気を失った世界に暮らしていると、もはや生き生きした宇宙を感じられなくなる。いまほとんどの人は現実に生きているのではなく、概念化された現実を生きている。**

だがモノを自己意識強化の手段に使う、つまりモノを通じて自分自身を発見しようとするのは、ほんとうにモノを尊重することではない。エゴがモノに同一化しようとするとモノへの執着や強迫観念が生まれ、そこから進歩の唯一のものさしがつねに「より多く」である消費社会と消費構造が生まれる。これは自己を増殖させることだけが目的であって、実は自分がその一部である組織体を破壊し自分も破壊する結果になると気づかないガン細胞と同じ機能不全である。エコノミストのなかには成長という考え方に執着するあまり、どうしてもこの言葉を使わずにはいられない人たちがいて、不景気を「マイナス成長」と称したりする。

多くの人々はモノに対する強迫的な先入観に生活の大部分を支配されている。だからモノの増殖が現代の病弊の一つになる。自分を生き生きした生命体として感じられなくなると、人はモノで人生を満たそうとする。スピリチュアルな実践として自分を振り返り、モノの世界との関係、とくに「私の（my）」という言葉を付されるモノとの関係を見直してみることをお勧めする。たとえば自尊心が所有物と結びついているかどうかを判断するには、注意深くて正直でなければならない。あるモノをもっているというだけで、なんとなく自分が重要人物だとか優れた人間だと感じないか？　何かが欠けていると、たくさん所有している人に劣等感を感じないか？　他人の目や他人の目を通じて自分自身に映る自分の価値を引き上げるために、さりげなく自分の所有物をほのめかしたり、見せびらかしたりはしないか？　誰かがあなたより多くをもっているとき、あるいは大事なものをなくしたとき、恨みや怒りを感じ、自分が小さくなったように感じることはないか？

## なくなった指輪

スピリチュアルな問題について指導するカウンセラーとして、ある女性ガン患者のもとへ週に二度ずつ通っていたことがある。その女性は四十代の教員で、医師から余命数か月と宣告されていた。訪ねていって数語交わすこともあれば、黙ってただ一緒に座っていることもあった。そのとき彼女は初めて自分のなかにある、忙しい教師時代には存在すら知らなかった静謐《せいひつ》さを垣間見たのだった。

ところがある日訪ねてみると、彼女はひどくがっかりし、怒っていた。「何があったのですか？」と尋ねたところ、ダイヤの指輪がなくなったという。金銭的な価値もさることながら、とても思い出深い品だった。きっと毎日数時間、世話をしにくる女性が盗んだに違いない。病人に対してよくもそんな無神経なひどいことができるものだ、と彼女は言った。そしてその女性を問いただすべきか、それともすぐに警察に通報したほうがいいか、と私の意見を求めた。どうすべきか指図はできないと答えたが、しかし指輪であれどんな品物であれ、いまのあなたにとってどれほど重要なのかを考えてみてはどうか、と私は助言した。「あなたにはおわかりにならない」と彼女は言い返した。「あれは祖母からもらった指輪でした。毎日はめていたのだけれど、病気になって手がむくんではめられなくなったんです。あれはただの指輪じゃない。騒ぎ立てるのも当然じゃないですか、そうでしょう？」。

その返事の勢いや声にこもる怒りと自己防衛の響きは、彼女がまだ充分に「いまに在る」心境になれず、起こった出来事と自分の反応を切り離して別々に観察するに至っていないことを示していた。怒りと自己防衛は、まだ彼女を通じてエゴが発言しているしるしだった。私は言った。「それじゃ、いくつか質問をします。すぐに答えなくていいですから、自分のなかに答えが見つかるかどうか探してみてください。質問ごとに、少し間をあけますからね。答えが浮かんでも、必ずしも言葉にしなくてもいいんですよ」。どうぞ、聞いてください、と彼女は言った。「あなたはいずれ、それもたぶん近いうちに指輪を手放さなくてはならないことに気づいていますか？　それを手放す用意ができるまで、あとどれほどの時間が必要でしょう？　手放したら、自分が小さくなりますか？　それがなくなったら、あなたは損なわれますか？」。最後の質問のあと、しばらく沈黙があった。

再び話し始めたとき、彼女の顔には安らかな笑みが浮かんでいた。「最後の質問で、とても大切なことに気づきました。自分の心に答えを聞いてみたら、こういう答えが返ってきたんです。『そりゃ、もちろん損なわれるわ』。それからもう一度、問い返してみました。『私は損なわれるだろうか？』。今度は考えて答えを出すのではなく、感じてみようとしました。そうしたらふいに、『私は在る』と感じることができたのです。こんなふうに感じたのは初めてだわ。こんなに強く自分を感じられるなら、私はまったく損なわれてはいないはず。いまでもそれを感じられる。穏やかだけれど、とても生き生きとした自分を感じられます」。

「それが『大いなる存在』の喜びですよ」と私は言った。「頭から抜け出したときに、初めてそれを感じられるんです。それは感じるしかない。考えたってわかりません。エゴはそれを知らない。だってエゴは思考でできていますからね。その指輪は実は思考としてあなたの頭のなかにあり、それをあなたは自分と混同していたんですよ。あなたは自分あるいはその一部が指輪のなかにあると考えていた。

**エゴが求め執着するのは、エゴが感じることができない『大いなる存在』の代用品**です。モノを評価して大切にするのはいいが、それに執着を感じたら、それはエゴだと気づかなくてはいけません。それにほんとうはモノにではなく、モノにこめられた『私（I）』『私の（my）』『私のもの（mine）』という思考に執着しているのです。喪失を完全に受け入れたとき、あなたはエゴを乗り越え、あなたという存在が、『私は在る』ということが、つまり意識そのものが現れるのです」。

彼女は言った。「いまようやく、これまでどうしてもわからなかった『下着を取ろうとする者がいたら、上着も与えなさい』というイエスの言葉の意味が理解できました」。

「その通りです」。私は答えた。「その言葉は、決してドアに鍵《かぎ》をかけるな、という意味じゃありません。ときにはモノを手放すほうが、守ったりしがみついたりするよりもはるかに力強い行いだ、という意味なんですよ」。

身体がますます衰弱していった最後の数週間、彼女はまるで光が内側から輝き出しているように明るかった。いろいろな人にたくさんのモノを分け与えたが、そのなかには指輪を盗んだと疑った女性も入っていた。そして与えるたびに、彼女の喜びはますます深くなった。彼女の死を知らせてきた母親は、亡くなったあとで例の指輪がバスルームの薬品戸棚で見つかったと言った。手伝いの女性が指輪を返したのか、それともずっとそこに置き忘れられていたのか？　それは誰にもわからない。だがわかっていることが一つある。**人生は意識の進化に最も役立つ経験を与える、**ということだ。いまの経験が自分に必要だとどうしてわかるのか？　それは現にこの瞬間に体験しているからだ。

自分の所有物に誇りをもったり、自分より豊かな人をうらやんだりするのは間違っているのか？　そんなことはない。誇りや目立ちたいという思いや、「もっと多く」によって自己意識が強化され、「より少なく」によって自分が小さくなると感じるのは、善でも悪でもない。エゴだというだけである。エゴは悪ではない。ただの無意識だ。自分のなかのエゴを観察するとき、エゴの克服が始まる。エゴをあまり深刻に受け取らないほうがいい。自分のなかにエゴの行動を発見したら、微笑《ほほえ》もう。ときには声を出して笑ってもいい。人間はどうしてこんなものに、これほど長くだまされ、囚《とら》われていたのか？

何よりも、エゴは個人ではないことに気づくべきだ。エゴはあなたではない。エゴを自分個人の問題だと考えるならば、それもまたエゴなのだ。

## 所有という幻

何かを「所有する」、これはほんとうは何を意味しているのだろうか？　何かを「自分のもの（mine）」にするとは、どういうことなのか？　ニューヨークの街頭に立って摩天楼の一つを指差し、「このビルは私のものだ。私が所有している」と叫んだとしたら、あなたはとてつもなく金持ちか、妄想を抱いているか、嘘つきだ。いずれにしてもあなたは一つの物語を語っているのであり、そのなかでは「私」という思考の形と「建物」という思考の形がひとつに溶け合っている。所有という概念はそういうことだ。誰もがあなたの物語に同意するなら、所有を証明する書類が存在するだろう。あなたは大金持ちだ。誰も同意してくれないなら、あなたは妄想患者か虚言症かもしれないということで精神科医のもとへ送られるだろう。

　大切なのは、人が物語に同意してくれようとくれまいと、**物語と物語を形成している思考の形は実はあなた自身とは何の関係もない**、と認識することだ。たとえ人が同意してくれても、結局は物語、フィクションであることに変わりはない。多くの人は、死の床に就き外部的なものがすべてはげ落ちて初めて、どんなモノも自分とは何の関係もないことに気づく。死が近づくと、所有という概念そのものがまったく無意味であることが暴露される。さらに人は人生の最後の瞬間に、生涯を通じて完全な自己意識を求めてきたが、実は探し求めていた「大いなる存在としての自分」はいつも目の前にあったのに見えなかった、それはモノにアイデンティティを求めていたからで、つきつめれば思考つまり心にアイデンティティを求めていたからだ、と気づく。

「心の貧しい者は幸いです」とイエスは言った。[1]「天の御国はその人のものだからです」と。

「心が貧しい」とはどういうことか？　心に何の持ち物もない、何にも自分を同一化（アイデンティファイ）していない、ということだ。そういう人はどんなモノにも、また自己意識と関係するどんな概念にも、アイデンティティを求めていない。それでは「天の御国」とは何か？

それはシンプルな、しかし深い「大いなる存在」の喜びのことだ。その喜びは、何かに自分を同一化するのをやめて、「心の貧しい者」になったときに感じることができる。

だからこそ、東洋でも西洋でも古くからのスピリチュアルな実践で、あらゆる所有が否定されてきた。しかし所有を否定しても、それだけでエゴから解放されるわけではない。エゴは何か別のものに、たとえば自分は物質的所有への関心を乗り越えた優れた人間だ、人よりもスピリチュアルなのだという精神的な自己イメージにアイデンティティを求めて生き延びようと図るだろう。

すべての所有を否定していながら、億万長者よりも大きなエゴをもった人たちがいる。一つのアイデンティティを取り払うと、エゴはすぐに別のものを見つけ出す。要するにエゴは何にアイデンティティを求めようとかまわない、自分を同一化（アイデンティファイ）するものが何かあればいいのだ。消費文明批判や財産の私有制度反対も一つの思考、精神的な所有物で、所有そのものに代わるアイデンティティになり得る。そのアイデンティティを通じて、自分は正しくて他者は間違っていると考えることができる。あとで取り上げるが、**自分は正しく他者は間違っているという考えはエゴイスティックな心の主たるパターンの一つ、無意識の主たる**

**形の一つ**だ。言い換えれば、エゴの中身は変わってもそれを生かしておく構造は変わらない。

これに関係して無意識に想定されているのが、所有というフィクションを通じてモノに自分を同一化すると、物質がもっているかに見える堅実性や恒久性のおかげで自分にも大いなる堅実性や恒久性が付与されるはずだということだ。建物なんかはとくにそうだし、もっと都合がいいのは破壊することのできない唯一の所有物である土地だろう。土地の場合は、所有ということの馬鹿馬鹿しさがとりわけあらわになる。白人入植者が侵入してきたとき、北米先住民は土地所有という考え方を理解できなかった。だからヨーロッパ人に、これも同じく理解を超えた書類に署名させられて土地を失った。彼らは土地が自分たちに属しているのではなく、自分たちが土地に属しているのだと感じていたのである。

エゴはまた所有と「大いなる存在」を同一視する傾向がある。われ所有す、ゆえにわれ在り、というわけだ。そして多くを所有すればするほど、自分の存在も豊かになる、と考える。エゴは比較のなかに生きている。**私たちは、他人にどう見られているかで、自分をどう見るかを決める**。誰もが豪邸に住んで誰もが豊かなら、豪邸も富も自己意識を高めるのには役立たない。それなら粗末な小屋に住み、富を放棄して、自分は他人よりスピリチュアルだと思うことで、自分のアイデンティティを取り戻すことができる。他人にどう見られるかが、自分はどういう人間か、何者なのかを映し出す鏡になるのである。エゴの自尊心は多くの場合、他者の目に映る自分の価値と結びついている。自己意識を獲得するには他者が必要なのだ。そして何をどれくらいもっているかでほぼ自尊心が決まる社会で暮らしていると、それが集団的妄想であると見抜けない限り、自尊心を求め自己意識を充足させようとしてむなしい希望に振り回され、一生、モノを追い求めることになる。

モノに対する執着を手放すにはどうすればいいのか？　そんなことは試みないほうがいい。**モノに自分を見出そうとしなければ、モノへの執着は自然に消える。**それまでは、自分はモノに執着していると気づくだけでいい。対象を失うか失う危険にさらされなければ、何かに執着している、つまり何かと自分を同一化していることがわからないかもしれない。失いそうになってあわてたり不安になるなら、それは執着だ。モノに自分を同一化していると気づけば、モノへの同一化は完全ではなくなる。**「執着に気づいている、その気づきが私である」**。それが意識の変容の第一歩だ。

## 欲望：もっと欲しい

エゴは所有と自分を同一化するが、所有の満足は比較的薄っぺらで短命だ。そこに隠れているのは根深い不満、非充足感、「まだ充分じゃない」という思いである。エゴが「私はまだ充分にもっていない」というのは、「私はまだ充分じゃない」ということなのだ。

これまで見てきたように、何かをもっている——所有——という概念は、エゴが自分に堅実性と恒常性を与え、自分を際立たせ、特別な存在にするために創り出したフィクションである。だが所有を通じて自分を発見することは不可能だから、その奥にはエゴの構造につきものの「もっと必要だ」というさらに強力な衝動が存在する。これが「欲望」である。エゴは、もっと必要だという欲求なしに長いあいだ過ごすことはできない。だからエゴを存続させているのは所有よりもむしろ欲望だ。エゴは所有したいという以上に欲したいと願う。だから所有がもたらす薄っぺらな満足はつねに、もっと欲しいという欲望にとって代わられる。もっと欲しい、もっと必要だというのは、自分を同一化させるモノがもっと必要だという心理的な要求である。ほんとうに必要なのではなくて、依存症的な要求なのだ。

エゴの特徴であるもっと欲しいという心理的な要求、まだ充分ではないという思いは、場合によっては肉体的なレベルに移行して飽くなき飢えとなる。過食症患者は吐いてでも食べ続ける。飢えているのは心であって、身体ではない。患者が自分を心に同一化するのをやめて身体感覚を取り戻し、エゴイスティックな心を駆り立てる偽りの要求ではなく身体のほんとうの要求を感じるようになったとき、摂食障害は治癒する。

あるエゴは自分が欲するものを知って、冷酷に断固として目的を達成しようとする。ジンギスカン、スターリン、ヒトラーなどはその並外れた例である。だが彼らの欲望の奥にあるエネルギーは同じく強烈な反対方向のエネルギーを生み出し、結局は当人たちの破滅につながる。そして他の多くの人も不幸にする。前述の並外れた例で言えば、地上に地獄を生み出す。

ほとんどのエゴは矛盾する欲望をもっている。また時が移れば欲望の対象が変化する。欲しいのはいまあるものではない、つまりいまの現実ではないということがわかっているだけで、実は何が欲しいのかわからなかったりする。苛立《いらだ》ち、焦燥感、退屈、不安、不満は、満たされない欲望の結果だ。**欲望は構造的なものだから、精神的な構造が変わらない限り、内容がどうであろうと永続的な満足はあり得ない。**具体的な対象のない強烈な欲望はまだ発達段階にある十代の若者によく見られ、なかにはいつも暗くて不満だらけという者もいる。

もっと多く欲しいという飽くことを知らない要求、つまりエゴの貪欲《どんよく》さは地球の資源とつりあいが取れない。このアンバランスさえなければ、地球上の全人口の食物、水、住まい、衣服、基本的快適さなどの物理的な要求は簡単に満たすことができるだろう。エゴの貪欲さは世界の経済構造、たとえばもっと多くを求めて争いあうエゴイスティックな存在である大企業などに集団的に現れている。企業はひたすら儲《もう》けることだけを目的としている。なりふりかまわず容赦なく営利という目的を追求する。自然も動物も人々も、自社の社員さえも、企業にとっては貸借対照表の数字、使い捨てのできる生命のないモノにすぎない。

「私に（me）」「私のもの（mine）」「もっと（more than）」「欲しい（I want）」「必要だ（I need）」「どうしても手に入れる（I must have）」「まだ足りない（not enough）」というような思考の形は、エゴの内容ではなくて構造に付随する。エゴの内容、同一化の対象は変わっていくだろう。自分自身のなかにあるこの思考の形に気づかない限り、それらが無意識に留《とど》まっている限り、あなたはエゴの言葉を信じてしまう。無意識の思考を行動化し、見つからないものを求め続ける運命から逃れられない。なぜならこのような思考の形が作用している限り、どんな所有物にも場所にも人にも条件にも満足できるはずがないからだ。エゴの構造がそのままである限り、あなたはどんな内容にも満足できない。何をもっていようと、何を手に入れようと幸せにはなれない。いつももっと満足できそうな他の何かを、不完全な自分を完全だと思わせ内部の欠落感を満たしてくれるはずの何かを、探し求めずにはいられない。

## 身体との同一化

モノ以外に自分を同一化させる基本的な対象は「私の（my）」身体だ。身体はまず男か女だから、ほとんどの人の自己意識のなかでは男性であるか女性であるかが大きな部分を占める。その性別がアイデンティティになる。自分の性別への同一化は幼いころから促され、役割意識が植えつけられ、性的な面だけでなく生活のすべてに影響する行動パターンを条件づけられる。多くの人たちは完全にこの役割に囚《とら》われているが、性別に関する意識が多少とも薄れかけている西欧より一部の伝統的な社会のほうがその傾向はいっそう強い。そのような伝統的な社会では、女性にとっては未婚や不妊が、男性にとっては性的能力の欠落と子どもをもうけられないことが最悪の運命となる。満たされた人生とは性別というアイデンティティを充足することだとみなされる。

西欧では物理的外見的な身体が、つまり他人と比較して強いか弱いか、美しいか醜いかが自意識に大きな影響を及ぼす。多くの人々の自尊心は肉体的な力や器量、容姿、外見などと強く結びついている。身体が醜いとか不完全だと思うために自尊心が萎縮《いしゅく》して傷ついている人たちは多い。

本人が「自分の身体」にもつイメージや概念がまったく歪《ゆが》んでいて、現実とかけ離れていることもある。若い女性がほんとうは痩《や》せているのに太りすぎだと思うと、餓死しかねないほどのダイエットを強行する。そういう女性にはもう自分の身体が見えていない。彼女たちが「見て」いるのは身体に関する概念だけで、それが「私は太っている」あるいは「太りかけている」と告げる。このような状態の底には心への自分の同一化がある。この数十年、人々がますます自分を心に同一化させ、エゴの機能不全が強くなって、拒食症が劇的に増加した。拒食症患者が心というおせっかいな判定者なしに自分の身体を見られれば、あるいはその判定者の言葉を信じ込む代わりにその正体に気づきさえすれば——自分の身体をきちんと感じ取れればもっといい——拒食症は快方に向かうだろう。

美しい容貌《ようぼう》や肉体的な力、能力などと自分を同一化している人は、そういう資質が（当然のことながら）衰えて消えていくと苦しみを味わう。それらの資質によるアイデンティティそのものが崩壊の危機にさらされるからだ。醜くても美しくても、つまりマイナスでもプラスでも、人はアイデンティティのかなりの部分を身体から引き出している。もっと正確に言えば、自分の身体に関する精神的なイメージや概念を間違って自分だと思い込み、その思考に自分を同一化しているが、実は身体も他の物理的な形態と同じで、すべての形がもつ――一時的なもので結局は滅びるしかない――運命を分かち合っている。

知覚に感知される物理的な身体はいずれは老いて衰え、死ぬ運命にあるのに、その身体を自分と同一視すれば、遅かれ早かれきっと苦しむ。身体にアイデンティティを求めないということは、身体を無視したり嫌悪したり、かまわずに放置することではない。身体が強くて美しく、精力的ならば、その資質を――それが存続するあいだは――感謝して楽しめばいい。さらに正しい食生活や運動で身体のコンディションを改善することもできる。**身体を自分と同一視していなければ、美貌が色あせ、精力が衰え、身体の一部や能力が損なわれても、自尊心やアイデンティティは影響されないだろう。**それどころか身体が衰えれば、衰えた身体を通して形のない次元が、意識の光がやすやすと輝き出るようになる。

完璧《かんぺき》に近い優れた身体をもつ人々だけが身体と自分を同一視するわけではない。人は「問題のある」身体にも簡単に自分を同一化し、身体の欠損や病気や障害をアイデンティティに取り込む。そうなると自分は損傷や慢性的な病気や障害に「苦しんでいる者」だと考え、人にもそう語る。そして障害に苦しむ者、患者という概念的なアイデンティティをつねに確認してくれる医師その他から多大の関心を獲得する。すると無意識のうちに疾病《しっぺい》にしがみつく。それが自分の考える「自分自身」、アイデンティティの最も重要な部分になるからだ。それもエゴが自分を同一化する思考の形の一つである。エゴは一度発見したアイデンティティは手放そうとしない。驚くべきことだが、より強力なアイデンティティを求めて、エゴが疾病を創り出すことだって珍しくはない。

## 内なる身体を感じる

身体への同一化はエゴの最も基本的な形の一つだが、ありがたいことにこれは最も簡単に乗り越えられるアイデンティティでもある。ただしそのためには、自分は身体ではないと自分に言い聞かせるのではなく、関心を外形的な身体や自分の身体に関する思考——美しい、醜い、強い、弱い、太りすぎ、痩せすぎ——から引き離して、内側から感じられる生命感に移す必要がある。**外形的な身体がどんなレベルにあろうとも、形を乗り越えたところでは身体は生き生きとしたエネルギーの場なのである。**

内なる身体への気づきに慣れていないなら、しばらく目をつぶって自分の両手のなかに生命感を感じられるかどうか試してみるといい。そのときは、心に聞いてはいけない。心は「何も感じない」と答えるだろう。さらには「もっとおもしろいことを考えたらどうだい」と言うかもしれない。だから心に尋ねる代わりに、じかに両手を感じる。つまり両手のなかのかすかな生命感を感じるのである。生命感はそこにある。それに気づくには、関心を向けさえすればいい。最初はかすかなちりちりした感触かもしれないが、やがてエネルギーあるいは生命感を感じることができる。しばらく両手に関心を集中していると、その生命感は強くなっていくだろう。人によっては目を閉じる必要もないかもしれない。この文章を読みながら、「内なる手」を感じられる人もいるだろう。次に両足に関心を移動させてしばらくそこに留《とど》め、それから両手と両足を同時に感じてみる。そのあとは身体の他の部分――腿《もも》、腕、腹、胸など――を付け加えていって、最後には内なる身体全体の生命感を感じ取る。

**この「内なる身体」は、ほんとうは身体ではなくて生命エネルギーで、形と形のないものとの架け橋だ。**できるだけしょっちゅう、内なる身体を感じる習慣をつけるといい。そのうち目を閉じなくても感じられるようになる。

ところで、誰かの話を聞きながら内なる身体を感じることはできるだろうか。逆説的ながら、内なる身体を感じているときには、実は自分を身体と同一化していない。また心とも同一化していない。要するにもう自分を「形」と同一化せず、形への同一化から形のないものへの同一化に移行している。その形のないもの、それは「大いなる存在」と言ってもいい。それがあなたのアイデンティティの核心である。身体への気づきはいまこの瞬間にあなたをつなぎとめるだけでなく、エゴという牢獄《ろうごく》からの出口でもある。さらに免疫システムも、身体の自然治癒力も強化される。

## 忘れられる「大いなる存在」

エゴはいつも自分を形と同一化し、何らかの形に自分自身を求め、それゆえに自分自身を失う。この形とは物質や肉体だけではない。外部の形――モノや身体――よりもっと基本的なのが、意識の場につねに生起する思考の形だ。これは形になったエネルギーで、物質よりももっと微妙で密度が薄いが、やはり形である。気づいてみれば、片時もやまない頭のなかの声があるはずだ。絶え間ない衝動的な思考の流れである。その考えに関心をすべて吸い取られ、頭のなかの声やそれに付随する感情に自分を同一化してしまって、その思考や感情のなかで自分自身を失ったとき、そのときあなたは自分を形に完全に同一化してしまい、エゴの手中に落ちる。**エゴとは「自己」という意識、エゴという意識をまとって繰り返し生起する思考の形と条件づけられた精神・感情パターンの塊なのだ。**形のない意識である「大いなる存在（Being）」「私は在る（I Am）」という感覚が形とごっちゃになったときに、エゴが生じる。これが自分と個々の形との同一化（アイデンティフィケーション）ということだ。つまり「大いなる存在」を忘れるという第一義的な誤りであり、存在が個々の形に分裂するというとんでもない幻想が、現実を悪夢に変える。

## デカルトの誤りからサルトルの洞察へ

近代哲学の祖とみなされている十七世紀の哲学者デカルトは、この第一義的な誤りを（第一義的な真実と考えて）「われ思う、ゆえにわれ在り」という有名な言葉で表現した。これは「自分が絶対的な確実性をもって知り得ることがあるだろうか？」という問いにデカルトが出した答えだった。彼は自分がつねに考えているという事実は疑いようがないと考え、思考と存在を同一視した。つまりアイデンティティ——私は在る——を思考と同一化したのである。彼は究極の真実を発見する代わりにエゴの根源を発見したのだが、自分ではそれに気づいていなかった。

別の著名な哲学者が先の言葉にはデカルトが——同時に他の誰もが——見すごしていた部分があると気づくまでに、それから三百年近くを要した。その哲学者はジャン-ポール・サルトルである。彼はデカルトの「われ思う、ゆえにわれ在り」という言葉を吟味しているうちに、ふいに、彼自身の言葉によれば「『われ在り』と言っている意識は、考えている意識とは別だ」ということに気づいた。これはいったいどういう意味か？　**自分が考えていることに気づいたとき、気づいている意識はその思考の一部ではない。別の次元の意識だ。**その別の次元の意識が「われ在り」と言う。あなたのなかに思考しかなければ、思考しているなんてことはわからないだろう。自分が夢を見ているのに気づかない夢中歩行者のようなものだ。夢を見ている人が夢のなかのすべてのイメージに自分を同一化するように、すべての思考に自分を同一化する。多くの人々はいまもそんな夢中歩行者のように生き、古い機能不全の心の癖に囚われ、同じ悪夢のような現実をいつまでも再創造し続けている。しかし自分が夢を見ていると気づけば、夢のなかで目覚める。別の次元の意識が入り込む。

サルトルの洞察は深かったが、しかし彼は依然として自分を思考と同一化していたために、自分の発見の真の意味に、つまり新しい次元の意識が生まれたことに気づかなかった。

## すべての理解にまさる安らぎ

人生のどこかで悲劇的な喪失に出合い、その結果として新しい次元の意識を経験した人は多い。持ち物のすべてを失った人もいれば、子どもや配偶者を、社会的地位を、名声を、肉体的能力を失った人もいる。場合によっては災害や戦争によってあらゆるものを同時に失い、「何も」残されていないことに気づいた人もいる。それは「限界的な状況」と呼んでもいいだろう。

何に自分を同一化していたにせよ、何が自分自身という意識を与えていたにせよ、それが奪い去られた。そこでなぜかわからないが、当初感じた苦悶《くもん》や激しい恐怖に代わって、ふいに「いまに在る」という聖なる意識、深い安らぎと静謐と、恐怖からの完璧な自由が訪れる。この現象は「[2]人のすべての考えにまさる神の平安」という言葉を残した聖パウロにはなじみのものだったに違いない。確かにこの安らぎは筋が通らず、人は自分に問いかける。こんなことになったのに、どうしてこのような安らぎを感じられるのだろう、と。

エゴとは何でどのように作用するかがわかれば、答えは簡単だ。**あなたが自分を同一化していた形、自己意識を与えてくれた形が崩壊したり奪い去られたりすると、エゴも崩壊する。**エゴとは形との同一化だからだ。もはや同一化する対象が何もなくなったとき、あなたはどうなるか？　まわりの形が死に絶えた、あるいは死にかけたとき、あなたの「大いなる存在」の感覚「私は在る（I　Am）」という意識は形の束縛から解放される。物質に囚われていたスピリットが自由になる。あなたは形のないあまねく存在、あらゆる形や同一化に先立つ「大いなる存在」という真のアイデンティティの核心に気づく。自分を何らかの対象に同一化する意識ではなく、意識そのものとしての自分というアイデンティティに気づく。これが神の平安である。あなたという存在の究極の真実とは、私はこれであるとかあれであるとかではなくて、「私は在る」なのだ。

大きな喪失を経験した人のすべてがこの気づきを経験して、形との同一化から切り離されるわけではない。一部の人はすぐに、状況や他人や不当な運命や神の行為の被害者という強力な精神的イメージや思考を創り出す。この思考の形とそれが生み出す怒りや恨み、自己憐憫《れんびん》などの感情に自分を強く同一化するから、これが喪失によって崩壊した他のすべての同一化にたちまちとって代わる。言い換えれば、エゴはすぐに新しい形を見出す。この新しい形がひどく不幸なものだということは、エゴにとっては大した問題ではない。良くも悪くも同一化できればいいのだ。それどころか、この新しいエゴは前よりももっと凝縮されて強固で難攻不落である。

悲劇的な喪失にぶつかったとき、人は抵抗するか屈するかしかない。深い恨みを抱いて苦々しい人生を送る人もあれば、優しく賢く愛情深くなる人もいる。屈するとは、あるがままを受け入れることだ。人生に向かって自分を開くのである。抵抗すると心が縮こまって、エゴの殻が固くなる。あなたは閉ざされる。抵抗しているときに（否定的な状態のときに、と言ってもいい）どんな行動を取っても、さらに外部の抵抗にあう。宇宙はあなたの味方にはならない。人生は助けてはくれない。シャッターが閉まっていたら、日光は入ってこられない。**抵抗せずにあるがままを受け入れると、意識の新しい次元が開ける。**そのとき行動が可能か必要であれば、あなたの行動は全体と調和したものとなり、創造的な知性と開かれた心、つまり条件づけられていない意識によって支えられるだろう。状況や人々が有利に、協力的に展開する。不思議な偶然が起こる。どんな行動も不可能ならば、あなたは抵抗の放棄とともに訪れる平安と静謐のうちに安らぐだろう。それは神のもとでの安らぎである。

# 第三章

# エゴを乗り越えるために理解すべきこと

## エゴの構造

たいていの人は頭のなかの声――自分でも意図しない強迫的で絶え間ない思考の流れとそれに付随する感情――に完全に自分を同一化している。自分の心に取りつかれている状態、と言ってもいいだろう。そんな状態であることに気づいていなければ、頭のなかの思考の主が自分だと思い込む。その思考の主は、エゴイスティックな心である。エゴイスティックというのは、どの思考――どの記憶、解釈、見解、視点、反応、感情――にも自分、私という意識（エゴ）がつきまとうからだ。スピリチュアルに見れば、これは無意識である。あなたの思考、あなたの心の中身は、もちろん育ちや文化や家族的な背景などの過去に条件づけられている。**すべての心の活動の核心は繰り返ししつこく反復される思考、感情、反応パターンでできていて、人はそこに最も強く自分を同一化している。それがエゴそのものである。**

ほとんどの場合、あなたが「私（I）」と言うときは、エゴがそう言っているのであって、あなた自身ではない。これはいままで見てきた通りだ。エゴを形成しているのは思考と感情、あなたが「私と私の物語（me and my story）」として自分を同一化している記憶の集積、知らず知らずに演じている習慣的な役割、それに国籍や宗教、人種、社会階層、政治的党派などの集団的アイデンティティである。そこにはまた、所有物ばかりでなく見解、外見、積もった恨み、優越感や劣等感、成功や失敗という個人的なアイデンティティも含まれる。

エゴの中身は人によってさまざまだが、どのエゴでも同じ構造が作用している。言い換えれば、エゴの違いは表面だけで、根底ではどれも同じだ。ではどういうふうに同じなのか？　どれも同一化と分離によって生きながらえている。

心が創《つく》りあげた自己（それはエゴである思考や感情からできている）を通じて生きていると、アイデンティティの基盤は危なっかしく、ぐらぐらしている。思考も感情も本質的に移ろいやすくて儚《はかな》い。だからどのエゴも生き延びよう、自分自身を守って拡大させようともがき続けている。

エゴが「私（I）」という思考を支えるには、その対極の思考である「他者」が必要だ。「私（I）」という概念は「他者」という概念がないと生き延びられない。その他者は、「私（I）」が敵とみなしたときに最も確かな存在になる。この無意識のエゴイスティックなパターンのものさしの一方の端にあるのは、人の過ちをあげつらい、不満を言うエゴイスティックで強迫的な習慣だ。イエスが[1]「あなたは兄弟の目にあるちりが見えながら、どうして自分の目にある梁《はり》には気づかないのか？」と言ったのも、このことを指している。ものさしのもう一方の端には、個人間の物理的暴力や国家間の戦争がある。聖書では、先のイエスの問いには答えが書かれていないが、もちろん答えはこういうことである。他者を批判したり非難したりすると、自分が大きくて優れていると感じられるから。

# 不満と恨み

不満は、エゴが自分自身を強化するために用いる得意の戦略の一つだ。不満はどれも心が創り出し、あなたが完全に信じ込んでいるささやかな物語である。不満を声に出そうと頭のなかに留《とど》めておこうと、違いはない。他に自分を同一化するものをあまりもたず、不満だけで楽々と生き延びているエゴもある。そういうエゴの虜《とりこ》になると、不満、とくに他人に対する不満が無意識のうちに習性となる。無意識だからもちろん自分では気づかない。人々を見たとき、もっと多いのはその人たちについて話したり思い浮かべるとき、心のなかで否定的なラベルを貼《は》りつけるというのもこのパターンの一つだ。悪口雑言はこのラベル貼りの最も露骨な形で、自分は正しいと勝ち誇らずにはいられないエゴの必要性を満たしてくれる。「馬鹿、ろくでなし、あばずれ」、どれも話し合いの余地のない決定的な言葉だ。この無意識のその下のレベルには怒鳴ったり喚《わめ》いたりがあり、さらにそのずっと下に物理的な暴力がある。

恨みは不満や精神的なラベル貼りに付随する感情で、エゴはそこからさらに大きなエネルギーを汲《く》み取る。恨むというのは苦々しい思いをする、憤慨する、馬鹿にされたと感じる、傷ついたと思うことだ。人は他人の貪欲《どんよく》さ、不誠実さ、いい加減さ、現在や過去の行動、言ったこと、しなかったこと、すべきだったことやすべきでなかったことを恨む。エゴはこれが大好きだ。他者の無意識を見すごさず、相手と同一化する。誰がそうしているのか？　あなたのなかの無意識、エゴである。ときにはあなたが他者に見る「過ち」は、ほんとうはありもしないものかもしれない。まったくの誤解で、敵を見つけたがり、自分が正しくて優れていると思いたがるよう条件づけられた心の投影にすぎないかもしれない。また過ちが事実あったとしても、そこにばかり集中し他の一切を顧みないことで、あなたはその過ちを拡大して見ているかもしれない。それに他人のなかに見て反応することほど、自分のなかにもしっかりと存在している。

**他者のエゴに反応しないこと、それが自分自身のエゴを乗り越えるだけでなく、人間の集団的なエゴを解体するために最も有効な手段の一つである。**

だが反応しないでいられるのは、誰かの行動がエゴから発したもので、人間の集団的な機能不全の表れだと認識できるときだけだ。そのような行動が個人的なものではないと気づけば、相手個人に反応しようという衝動はなくなる。そしてエゴに反応しないでいると、相手の正気、つまり条件づけられていない意識を引き出せる場合が多い。状況によっては、根深い無意識に動かされている人々から自分を守るために、現実的な手段を取らなければならないかもしれない。その場合も相手を敵とせずに行動することはできる。しかし最大の防衛策は意識的であることだ。あなたがエゴという無意識を相手個人と同一視したとき、その相手は敵になる。反応しないのは決して弱さではなく、強さである。**反応しないとは、ゆるすことだ。**ゆるすとは見すごすこと、いや見抜くことである。エゴを通してすべての人間の核心、本質である正気を見抜くのだ。

エゴは他人だけでなく、状況にも不満や恨みをもつのが大好きだ。人に対してできることは、状況にもできる。つまり状況を敵にすることもできる。それはいつもこんな思いとして現れる。こんなことが起こっていいはずがない。私はこんなところにいたくない。こんなことはしたくない。こんなのは不公平だ。そしてもちろんエゴの最大の敵は、いまのこの瞬間、いわば人生（生命）そのものである。

不満と、誰かに過ちや欠陥を教えて正させることを混同してはいけない。不満をもたないことは、必ずしも質の悪さや劣悪なふるまいを我慢することではない。ウェイターにスープが冷めているから温めなおす必要があると伝えることは——事実だけを取り上げるなら、事実はつねに中立だから——エゴではない。「よくも私にこんな冷めたスープを出せたもんだ……」。これは不満である。ここには「この私に」という意識があり、冷めたスープに個人的な侮辱を感じてここぞとばかり騒ぎ立てる「私」、誰かが悪いと決めつけて喜ぶ「私」がいる。この不満は変化を起こすのではなく、エゴを喜ばせるのに役立つだけだ。ときにはエゴがほんとうは変化を望んでいないことが明白な場合さえある。それなら不満を言い続けられるから。

何かに不満をもったとき、頭のなかの声を把握できるかどうか、つまりその正体に気づけるかどうか、試してごらんになるといい。それはエゴの声、条件づけられた心のパターン、思考でしかない。その声に気づけば、同時に自分はその声とは違うこと、その声に気づいているのが自分であることがわかるだろう。実際、声に気づいている、その「気づき」があなたなのだ。

背景にはその気づきがあり、前景には声、思考の主がいる。この仕組みに気づけば、あなたはエゴから解放され、エゴが見えていない心から自由になれる。**自分のなかのエゴに気づいたとき、それは厳密に言えばもうエゴではなく、古い条件づけられた心のパターンになる。**エゴとは無意識である。気づきとエゴは共存できない。何千年ものあいだ続いてきた人間の集団的無意識がその背後にあるのだから、古い心のパターンあるいは精神的な習性はしばらくは生き残って、ときおり顔を出すかもしれないが、気づかれるたびに衰えていくだろう。

## 反応と怨恨

恨みにはたいてい不満という感情が付随するが、ときにはもっと激しい怒りやその他の感情的動揺がつきまとうこともある。これによって、不満にはさらに強力なエネルギーが充塡《じゅうてん》される。そのとき不満は、もう一つのエゴの自己強化策である反応に変わる。

いつも何かに拒否反応を示そうと待ち構え、すぐに苛立《いらだ》ったりむかついたりする人たちは多い。その人たちはすぐに拒否反応の対象を見つける。「なんてことだ、頭にくる」「よくも、あんたはこんなことを……」「ただじゃおかないからな」と言い出す。こういう人たちは、薬物ならぬ怒りや動転の中毒なのだ。あれこれに拒否反応することで自己主張し、自己意識を強化しようとする。

根の深い恨みは怨恨《えんこん》になる。怨恨を抱くというのは、いつも「対立」している状態で、だからこそ怨恨が多くの人々のエゴの相当部分を占める。集団的な怨恨は国や部族の心理のなかで何世紀ものあいだ生き延び、終わりのない暴力の悪循環の火に油を注いでいる。

怨恨はときにははるか昔の出来事と結びついた激しい否定的感情だ。「誰かが私にしたこと」「誰かが私たちにしたこと」を強迫的に考え続けたり、頭のなかで、あるいははっきり口に出して繰り返し物語ることによって、その出来事はいつまでも生々しいままでいる。この怨恨の影は人生の他の領域にまで広がる。たとえば怨恨を抱き続けていると、そのマイナスの感情エネルギーによって現在起こっている出来事に対する見方が歪《ゆが》んだり、目の前の人間に対する話し方や行動に影響が及ぶ。強い怨恨が一つあるだけで人生の大きな領域が翳《かげ》って、エゴの罠《わな》から逃れられなくなることもある。

**自分が怨恨を抱いているかどうか、自分の人生において完全にゆるせない何者かが、つまり「敵」がいるかどうかを見極めるには、正直にならなければいけない。**怨恨を抱いているのなら、思考と感情の両方のレベルでその怨恨と怨恨を生かし続けている思考に気づき、その思考への身体的対応の結果である感情をしっかりと感じることだ。怨恨を捨てようとしてはいけない。怨恨を捨てようとかゆるそうとしてもうまくいかない。怨恨はまがいものの自己意識を強化してエゴを温存する以外何の役にも立たないと気づいたとき、自然にゆるすことができる。真実を見抜けば解放される。「敵をゆるせ」というイエスの教えは、人類の心に存在するエゴイスティックな構造の一つを解体しなさい、ということだ。

**過去にはあなたがいまこの瞬間に生きることを妨げる力はない。**その力をもっているのは、過去に対してあなたが抱く怨恨だけだ。では怨恨とは何か。古い考えと感情というお荷物ではないか。

## 正しいか、間違っているか

不満はあら探しや反応と同じく、エゴの存続を支える境界や分離という意識を強固にするが、同時にエゴの糧になる優越感を与えることによってエゴを強化する。たとえば交通渋滞や政治家や「強欲な金持ち」や「怠け者の失業者」に対する、あるいは同僚や元配偶者やいろいろな人たちに対する不満がどうして優越感につながるのか、ちょっとわかりにくいかもしれない。

実は不満を言っているときは、自分が正しくて不満や拒否反応の対象である人や状況は間違っていると暗黙のうちに想定しているのだ。

**自分が正しいという思いほど、エゴを強化するものはない。**正しいというのは、ある精神的な立場——視点、見解、判断、物語——と自分を同一化することだ。もちろん自分が正しいと思うためには、間違っている誰かと比較しなくてはならない。だからエゴは自分が正しいと言うために、好んで誰かが間違っていると決めつける。言い換えれば、自分という意識を強化するためには、誰かが間違っていなくてはならない。間違っているのは人だけでない。ある状況も、不満や拒否反応を通じて間違いだと決めつけられる。「こんなことは起こってはならない」というわけだ。自分が正しいなら、間違っているとか欠陥があると判断される人や状況に対して、自分が倫理的に優越していると思うことができる。その意味でエゴは優越感を欲し、優越感を通じて自らを強化する。

## 幻想の防衛

疑いようのない事実というものは存在する。たとえばあなたが「光は音より速い」と言い、誰かが逆だと言ったら、もちろんあなたのほうが正しくて相手が間違っている。あなたが正しいことは、稲妻のほうが雷鳴より速いことを観察するだけで確認できる。だからあなたのほうが正しいだけでなく、あなたは自分が正しいことを知っている。ここにエゴは介入しているだろうか？　可能性はあるが、必ず介入しているわけではない。あなたが真実だと知っていることを淡々と述べるなら、エゴは介入していない。自分を同一化していないからだ。何に同一化していないのか？　心、ある一つの見解にである。しかし、この同一化はあなたのなかにやすやすと入り込む。もしあなたが「信じなさいって、私にはわかっているんだから」とか「どうしていつも私を信じないいんだね？」と言うとしたら、すでにエゴが入り込んでいる。**エゴは**

**「私」という簡単な言葉に隠れている。**「光は音より速い」という言葉は依然として真実だが、それが幻想を支え、エゴに利用される。「私」という間違った意識に染めあげられ、個人化され、一つの見解、精神的な立場になる。誰かが「私」の言うことを信じないと、「私」が軽視され、侮辱されたと感じる。

エゴはすべてを個人的に受けとめる。そこで防衛感情や怒りまでもが生じる。あなたは真実を防衛しようとしているのだろうか？　そうではない。いずれにしろ、真実には防衛の必要はない。光も音もあなたや誰かがどう考えようと関知しない。あなたは自分自身を、いや自分自身という幻想、心が創り出した自分の代替物を防衛しようとしている。幻想が自らを防衛しようとしていると言うほうがもっと正確だろう。最もシンプルで明快な事実でさえエゴイスティックな歪曲《わいきょく》と幻想に影響されるなら、それよりも具体的でない見解や視点や判断、つまり「私」という意識と簡単にごちゃまぜになる思考は、どれほどやすやすと影響されることか。

どのエゴも、見解や視点を事実と混同する。さらに出来事とその出来事への反応を区別しない。どのエゴも知覚の一部を選び、解釈を歪めるのに長《た》けている。**(思考ではなく）気づきによってのみ、事実と見解の違いを見分けることができる。気づきによってのみ、正しく見ることができる。**こちらが状況でこれは状況に対して感じている怒りだと見分けられれば、違う対応が可能だと、言い換えれば違う見方や対処方法があるとわかる。気づきを通してのみ、限られた一つの見方から解放されて状況や人の全体が見えてくる。

## 真実：相対的か絶対的か？

単純で検証可能な事実の場合は別として、「正しいのは私で、あなたは間違っている」という確信は、個人の人間関係でも、国家や民族、宗教同士の関係でも危険だ。

だが「正しいのは私で、あなたは間違っている」という信念はエゴが自分自身を強化する方法の一つで、精神的な機能不全であり、人間同士の分裂と抗争が終わらない原因であるなら、ふるまいや行為や信念には正しいも間違いもない、ということなのか？　そうなると、まさにキリスト教関係者がこの時代の最大の悪だと批判する倫理的相対主義（人間行動の指針となる絶対的真理などないという考え方）に陥りはしないか？

もちろん、真理は自分たちの側にのみ存在する、つまり自分たちだけが正しいという信念は、行動やふるまいを狂気のレベルにまで堕落させる。そのことはキリスト教の歴史そのものが如実に示している。教会は何世紀ものあいだ、自分たちの教義や聖書（あるいは「真理」）の狭い解釈とわずかでも違う意見をもつ者を拷問にかけ、火あぶりにし、この行為は正しい、なぜなら犠牲者たちは「間違っている」からだ、と考えてきた。犠牲者たちはとんでもなく間違っているから殺さなければならなかった、というわけだ。「真理」は人の生命よりも重要だとみなされたのだ。ではその「真理」とは何なのか？　あなたが信じるべき物語、つまり思考の塊である。

カンボジアの独裁者ポル・ポトが殺害を命じた百万人のなかにはメガネをかけている者全員が含まれていた。なぜか？　ポル・ポトに言わせれば歴史のマルクス主義的解釈が絶対的な真理であり、その絶対的真理のポル・ポト版によると、メガネをかけている者は教養のある階級、ブルジョワ、農民の搾取者だからである。新しい社会秩序をつくるために、彼らは抹殺されなければならない。ポル・ポトの真理も思考の塊だった。

カトリックその他の教会が、倫理的相対主義を現代の悪の一つと批判するのはなるほど正しい。だが、絶対的真理はあるはずのない場所に探しても見つからないだろう。あるはずのない場所とは、教義、イデオロギー、規則、物語などだ。これらに共通しているのは何か？　思考からできあがっているということである。**思考はうまくいけば真理を指し示すが、決して真理そのものではない。**だから仏教では「月をさす指は月ではない」と言う。すべての宗教はどれも誤りでありどれも真実で、どちらになるかはどう活用するかで決まる。エゴの強化に役立てることも、「真理」のために役立てることも可能なのだ。自分の宗教だけが「真理」だと信じているなら、それはエゴの強化に役立てていることになる。そうなると宗教はイデオロギー化し、優越感という幻想を生み出し、人々の間に分裂や紛争を引き起こす。「真理」に役立てれば、宗教の教えは目覚めた先輩たちが残した道標、地図となってスピリチュアルな目覚めを、つまり形への同一化からの解放を助けてくれるだろう。

**絶対的な「真理」はただ一つで、その他の真理はそこから派生している。その「真理」を**

**見出したとき、あなたの行動はすべて真理に沿ったものになる。**人間の行動は「真理」を反映することもあれば、幻想を反映することもある。「真理」は言葉で表せるか？　表せる。だが、もちろんその言葉は真理そのものではなく、真理を指し示すにすぎない。

その「真理」はあなた自身と切り離せない。そう、**あなたが「真理」なのだ。**よそに真理を探していたら、きっとだまされ続ける。あなたという「存在」、それが「真理」だ。イエスはこのことを、「私が道であり、真理であり、生命です」[2]という言葉で伝えようとした。イエスのこの言葉は最も力強く、最も直接的に「真理」を示した。ただし正確に理解されればであって、誤解されるととんでもない障害になる。イエスの言葉は最も内なる「私という存在」、すべての男女、それどころかすべての生きとし生けるもののアイデンティティの核心を意味している。イエスはあなたという生命について語ったのだ。キリスト教神秘主義者のなかにはこれを「内なるキリスト」と呼ぶ人々がいる。仏教では仏性と言う。ヒンズー教ではアートマン（真我）。自分のなかにあるこの次元と触れ合うとき――この触れ合いは本来の状態であって、別に奇跡的な偉業ではない――あなたの行動も人間やモノとの関係も、あなたが自分の内奥で感じるすべての生きとし生けるものとの一体感を反映するだろう。それが愛である。法律や戒律や規則や規制が必要なのは、真の自分、自分の内なる「真理」と切り離されている人たちだ。その人たちには、エゴの最悪の暴走を防ぐ役に立つだろうが、それすらも果たせないことも多い。「愛し、思うままに行動せよ」と聖アウグスティヌスは言った。言葉ではこれ以上に「真理」に近づくことはできないだろう。

## エゴは個人的なものではない

集団的なレベルの「正しいのはわれわれで、彼らは間違っている」という考え方は、国家間、人種間、民族間、宗教間、イデオロギー間の激しい紛争が延々と燃え盛る世界の紛争地帯にとくに深く根づいている。対立する陣営はどちらも自分たちの見方、「物語」、つまり思考と自分を同一化している。どちらも自分たちとは別の見方、別の物語が存在するかもしれず、それもまた妥当かもしれないことを理解できない。イスラエルのジャーナリスト、Y・ハレヴィは「[3]競合する語りの調整」の可能性に言及したが、世界の多くの場所の人々にはまだそれができないか、その意志をもてない。対立するどちらも自分たちの側にだけ真理があると信じている。どちらも自分たちは犠牲者で「あいつら」が悪だと考え、相手を人間ではなく敵という概念でくくっているので、おとなどころか子どもたちにまでありとあらゆる暴力を振るうことができるし、人間らしい心の痛みも苦しみも感じないでいられる。この人たちは攻撃と報復、やられてはやり返すという悪循環に陥っている。

これを見ると、「われわれ」対「彼ら」という集団的な場に現れる人間のエゴは、「私」という個々のエゴと仕組みは同じでも、さらに狂気じみていることがよくわかる。人間がお互いに振るってきた暴力の多くは犯罪者や精神異常者の手によるのではなく、ごくふつうの立派な市民が集団的エゴに駆られて実行したものなのだ。それどころか、この地球では「ふつう」とは狂態だと言うことさえできるかもしれない。この根底にあるのは何か？　思考や感情への自分の完全な同一化、つまりエゴである。

貪欲、自己中心性、搾取、残虐性、暴力はいまもこの地球にはびこっている。それが根底にある機能不全あるいは精神の病の個々及び集団的な現れであることが認識できないと、それを個人的なものと受け取る過ちを犯す。個人や集団についての観念的なアイデンティティをつくりあげ、「彼はこういうやつだ、彼らはこういう人間だ」と言い出す。あなたが他者のなかにあるエゴを相手そのものと混同したとき、あなた自身のなかのエゴはその誤解をもとに自分が正しくて優れていると考え、敵と想定する相手に非難や憤慨や怒りで反応することにより自分自身を強化する。こうしてエゴは大きな満足を得る。あなたと他者は別の存在だという意識が強くなり、相手の「他者性」がとんでもなく拡大されて、もう相手が自分と同じ人間だとは思えず、人間として根源的な一つの生命を共有していることも、人間に共通の神性も感じられなくなる。

**特定のエゴイスティックなパターンを誰かに発見して強く反応し、それが相手そのものだと誤解するときは、たいてい自分自身にも同じパターンが存在するのだが、自分ではそれを見分ける力もないし、その気もない場合が多い。**その意味では、相手から学ぶことはたくさんある。

あなたがいちばんむかつくのは、腹立たしいのは、相手のどんなところだろう。自己中心的なところか？　強欲さか？　権力欲、支配欲か？　言行不一致なところか、不誠実さか、暴力的傾向か。さて何だろう？　何にしても、あなたがいちばん恨みがましく感じて強く反応する資質は、あなた自身のなかにもある。だがそれはエゴの一つの形であって、個人的なものではない。相手の人間ともあなたという人間とも、関係ないのだ。ただその資質と自分を同一化してしまうと、それを自分のなかに発見したとき、自己意識が脅かされたと感じるだろう。

## 闘いは心の癖

他人に傷つけられそうになって自分や誰かを守る必要がある場合もあるが、「悪を退治する」のが自分の使命だと考えないように気をつけたほうがいい。そんなふうに考えると、自分も闘う相手と同じことになってしまう。無意識のままで闘うと、あなた自身が無意識に引っ張り込まれてしまう。無意識つまり機能不全のエゴイスティックな行動は、闘っても退治できない。たとえ相手を打ち負かしても、その無意識は単にあなたのなかへ移行するか、新しい姿で現れるだけだ。何を相手に闘っても、闘えば相手はますます強くなるし、あなたが抵抗するものはしつこく存在し続ける。

あれやこれやとの「闘い」という表現を最近よく耳にするが、そのたびに私は、闘いは失敗するに決まっている、と思う。麻薬との闘い、犯罪との闘い、テロとの闘い、ガンとの闘い、貧困との闘いなどと言う。だが、たとえば犯罪や麻薬との闘いが行われているにもかかわらず、この二十五年で犯罪や麻薬がらみの違法行為は劇的に増加した。アメリカの刑務所の収容人員は一九八〇年には三十万人足らずだったのに、[4]二〇〇四年にはなんと二百十万人に激増している。病気との闘いで、私たちは抗生物質を手に入れた。最初は目覚ましい効果があり、感染症との闘いに勝利をもたらすかと思われた。ところが現在では多くの専門家が口をそろえて、抗生物質の広範な無差別的使用は時限爆弾だ、スーパー・バクテリア（抗生物質耐性菌）のせいで感染症が復活し、爆発的に流行する恐れがあると言っている。アメリカ医学会誌（JAMA）によれば、治療行為は心臓病、ガンに次いでアメリカ人の死因の第三位にランクされている。西洋医学に代わる病気への取り組みとしてはホメオパシー（同種療法）と漢方医学があり、どちらも病気を敵として扱わないので、新しい病気を引き起こすこともない。

**闘いは心の癖で、そういう癖から生じる行動はすべて、悪と想定される敵をかえって強くするし、たとえ闘いに勝っても打ち負かした敵と同じような、それどころかもっと手ごわい新しい敵、新しい悪を生み出す。**あなたの意識の状態と外部的現実とのあいだには深い相関関係がある。あなたが「闘い」という心の癖に囚《とら》われていると、あなたの知覚はきわめて選《え》り好《この》みの強いものとなって歪められる。言い換えれば見たいものしか見ず、しかもそれを曲解する。そんな妄想のシステムからどんな行動が生じるかは、簡単に想像がつくだろう。想像がつかなければ、今夜のテレビニュースをごらんになるといい。

エゴをありのままに人間の心の集団的な機能不全として認識すること。ありのままを認識すれば、もうそれを誰かのアイデンティティだと誤解したりはしない。また、エゴに反応しないでいることも容易になる。個人的に受けとめることもない。不満を抱いたり、非難したり、なじったり、お前が悪いと決めつけもしなくなる。誰も悪くはない。それは誰かのなかのエゴ、それだけのことだ。人によっては症状が重いかもしれないが、誰もが同じ心の病に苦しんでいるとわかれば、共感をもてるし、優しくなれる。すべてのエゴイスティックな関係につきものの波乱の火に油を注ぐこともない。油とは何か？　反応だ。エゴは反応を糧にして肥え太る。

## 平和と波乱、どちらを望むか？

あなたは平和を望むだろう。平和を望まない者はいない。だが、あなたのなかには波乱を、紛争を望む何者かがいることも事実だ。いまこの瞬間には、その何者かの存在を感じないかもしれない。だが何らかの状況が（それどころか、ただの思考が）、あなたの反応の引き金を引いたらどうか。

誰かがあなたを非難した、あなたを認めなかった、あなたのテリトリーに侵入した、あなたのやり方をあげつらった、金品をめぐって言い争いになった……そのときあなたは自分のなかで、何か大きな力が、たぶん怒りや敵意の仮面をつけた恐怖が盛り上がってくるのに気づけるか？　声が荒々しく、あるいは甲高くなったり、何オクターブか低い大声になったと自覚できるか？　心があわてて自分の立場を防御し、正当化し、攻撃し、相手を非難しようとするのがわかるか？　言い換えれば、無意識が発動した瞬間にその事実に気づけるだろうか？　自分のなかに戦闘態勢の何者かがいること、脅かされたと感じて、どんな犠牲を払ってでも生き延びようと望む者、波乱のドラマにおける勝利者として自分のアイデンティティを確認するために劇的状況を必要とする者がいることを感じ取れるだろうか？　平和よりも自分が正しいほうがいいと言う何者かが、あなたのなかにいることを感じられるだろうか？

## エゴを超えて：真のアイデンティティ

エゴが闘っているとき、そこで生き延びるために闘っているエゴとはただの妄想にすぎないことを知るべきだ。そのエゴという妄想は、自分こそあなただと考えている。そのとき「いまに在る」証人として状況を見つめることは、初めはそう簡単ではない。エゴがサバイバル・モードに入っているか、過去をひきずった感情的なパターンが作動しているときはとくに難しい。だが一度その感覚を味わえば、「いまに在る」パワーは高まり、エゴの束縛力は失われるだろう。エゴや心よりもはるかに大きな力が、あなたの人生に生まれる。**エゴから解放されるため**

**に必要なのは、エゴに気づくことだけだ。**気づきとエゴは共存できないからである。気づきとは、いまのこの瞬間に秘められた力だ。だから、「いまに在る」ことと表現できる。人間という存在の究極の目的は（それはあなたの目的でもある）、この「いまに在る」力を世界に広めることだ。それはまた、エゴからの解放が将来達成すべき目標ではないのはなぜかという理由でもある。「いま、この瞬間」だけがあなたをエゴから解放できるし、あなたは昨日でも明日でもなく「いま、この瞬間」にしか存在できない。**「いまに在る」ことだけがあなたのなかの過去を解体し、あなたの意識の状態を変容させる。**

スピリチュアルな目覚めとは何か？　自分がスピリット（霊）であるという信念か？　いや、それは一つの思考だ。出生証明書に記されているのが自分だという信念よりは多少真実に近いが、それでも思考には変わりない。スピリチュアルな目覚めとは、自分が知覚し、体験し、考え、感じている対象はつきつめてみれば自分ではないし、つねに移ろう事物のなかに自分自身を発見することはできない、とはっきり見抜くことである。これを明確に見抜いた最初の人間はたぶんブッダで、だからブッダの教えの核心の一つはアナッター（無我）だった。またイエスが「あなた自身を捨てなさい」と言ったのは、自己という幻想を否定（そして解体）しなさい、という意味だった。自己――エゴ――がほんとうに私なら、それを「捨てる」というのは筋が通らない。

この幻想の自己を捨てたとき、残るのは知覚や体験や思考や感情が現れては消える意識の明かりだ。それが「大いなる存在」、深い真の「私」である。この「大いなる存在」としての自分を知ったとき、人生で絶対に重要な出来事というものはなくなり、すべてが相対的な重要性しかもたなくなる。その出来事を尊重はしても、絶対的な深刻さや重さはもはや感じない。

結局のところ、大切なのは次のことだけだ。**人生という背景のなかでつねに「大いなる存在」という自分の本質、「私は在る（I Am）」ということを感じていられるか？** もっと正確に言えば、いまこの瞬間に「私は在る（I Am）」と感じられるか？ 意識そのものとしての自分のアイデンティティ、その本質を感じられるか？ それとも起こっている出来事や心のなか、この世界で自分を見失うのか？

## すべての構造物は不安定

どんな形をとるにしても、エゴの奥には自分が考える自分のイメージ、幻の自己を強化したいという強い無意識の衝動がある。その自己イメージ、幻の自己は、思考——大きな恵みであると同時に手ごわい厄介もの——がのさばりだして、自分が「大いなる存在」「源」「神」とつながっているという、シンプルだが深い喜びを覆い隠したときに出現する。どんな行動となって現れるにせよ、エゴの隠れた動機はつねに同じだ。目立ちたい、特別でありたい、支配したい、力が欲しい、関心が欲しい、もっともっと欲しい、ということである。それにもちろん、自分は別だという感覚を感じたい。つまり対立相手、敵が必要になる。

エゴはつねに他者あるいは状況に何かを求めている。いつも隠れた課題を抱えているのだ。「まだ充分ではない」と感じ、非充足感、欠乏感に苛立《いらだ》っていて、なんとかそれを埋めなければならない。そのために人や状況を利用するが、たとえ一時は欠落を埋められても、その成功は決して長続きしない。目的を遂げられないことも多いし、たいていは「私が望む」ことと「実態」とのギャップに動揺し苦しむ。いまは古典となった有名な『サティスファクション』は、まさにエゴの歌だ。

エゴの底流にあってすべての行動を律しているのは不安である。自分が何者でもないという不安、存在しなくなるという不安、死の不安だ。結局エゴの行動はすべて、この不安を解消するためなのだが、エゴにはせいぜい親密な人間関係や新しい所有物やあれこれの勝利によって一時的にこの不安を紛《まぎ》らすことしかできない。幻想は決してあなたを満足させてはくれない。ほんとうのあなたに気づくことができれば、それだけがあなたを解放してくれる。

なぜ不安なのか？　エゴは形との同一化によって生じるが、実はどんな形も永遠ではなく、すべて移ろいゆくことをどこかで承知している。だから外見はどれほど自信満々に見えても、エゴにはいつも不安定な頼りなさがつきまとう。

以前友人とカリフォルニアのマリブに近い美しい自然保護区を散歩していたとき、何十年か前に焼け落ちたらしいカントリーハウスの廃墟《はいきょ》を見た。樹木もいろいろなすばらしい植物も野放図に伸び、そばの道端には公園管理者が立てた看板があって「危険。すべての構築物は不安定」と書かれていた。「なんと意味の深いスートラ（聖句）じゃないか」。私は友人に言い、二人とも感動してしばし佇《たたず》んだ。**どんなに堅固に見える物質だろうと、すべての構築物（形）は不安定だと気づき、それを受け入れると、身のうちに安らかな気持ちが湧《わ》き起こる。**形あるものは儚く無常だと認識したとき、自分のなかの形のない次元、死をも超える次元に目が開かれるからである。イエスはそれを「永遠の生命」と呼んだ。

## 優越感をもちたいエゴ

エゴにはつい見すごしがちな微妙な形がたくさんある。あなたはそれを他者に、そしてもっと大事なことだが自分にも見ることができるはずだ。覚えておいてほしい。**自分のなかのエゴに気づいたとき、気づいているのはエゴを超えた自分、もっと深い「私（I）」である。**インチキに気づいたときには、すでに本物が現れているものなのだ。

たとえば、誰かにニュースを知らせようとする。「ねえ、聞いた？　え、まだ知らないの？　それじゃ教えてあげる」。そのとき、あなたが注意深くて、きちんと「いまに在る」ことができていれば、たとえそれが悪いニュースでも話そうとする一瞬に満足感がよぎるのがわかるだろう。そのわずかな瞬間、エゴの目からすれば自分に有利で相手には不利な不均衡が生じているからだ。その瞬間、あなたは相手より「多く」を知っている。あなたが感じた満足感はエゴのそれで、他人との関係で自分が強者になったと思うことから生じている。相手が大統領だろうが法王だろうが、その瞬間はあなたのほうが「多く」を知っていることによって優越したと感じるのだ。たいていの人がゴシップに目の色を変える理由の一つはここにある。さらにゴシップのほとんどには他人への悪意の批評や批判という要素があり、それも自分のほうが倫理的に優位に立ったという想像を通じてエゴを強化する。誰かに否定的な判断をするときには、きっとこの優越感がある。

誰かが自分より多くを所有していたり、知っていたり、成し遂げていたりすれば、エゴは脅威を感じる。自分のほうが「劣る」と感じると、想像上の自己が他人と比べて小さく縮んでしまうからだ。そうするとなんとか自己を回復しようとして、相手の持ち物や知識や能力の価値を貶《おとし》めたり、批判したり、けなしたりする。世間で重要人物とみなされている相手なら戦略を変えて、直接競争する代わりに相手との関連で自分を強く見せようとする。

## エゴと名声

有名人の名前をさりげなく持ち出してアピールするのは、「重要」人物との関係を匂《にお》わせて自分を偉く見せ、それによって自分自身も優越感を味わおうというエゴの戦略の一つだ。世間で有名になるとつらいのは、集団的なイメージによってほんとうの姿がかき消されてしまうことである。出会う人のほとんどはあなたとの関係を利用して自分のアイデンティティを――当人がもつ自己イメージを――強化したがる。その人たちは自分でも気づいていないかもしれないが、あなたに関心があるわけではなく、要するに虚構の自己意識を強化したいだけだ。彼らはあなたを通じて自分をふくらますことができると信じている。あなたを通じて、というより有名人というあなたのイメージ（勝手に一人歩きする集団的な概念としてのあなたのアイデンティティ）を通じて、自分を完成させようとする。

　名声の馬鹿馬鹿しいほどの過大評価は、この世界にたくさんあるエゴイスティックな狂気の表れの一つだ。有名人のなかには自分でも同じ過ちに陥り、人々やメディアが創り出した集団的なフィクションに自分を同一化して、実際に自分はそこらの人間たちより優れていると思い込む人たちもいる。結果として、その人たちはますます自分自身からも他人からも疎外され、ますます不幸になり、名声を維持することにますます振り回される。ふくらました自己イメージをいっそう助長する人々にだけ囲まれていたのでは、真の人間関係は築けない。

　アルバート・アインシュタインはほとんど超人扱いされるほど賞賛され、地上で最も有名な人物の一人になる運命だったが、人々が集団的に創りあげたイメージと自分を決して混同しなかった。彼は有名になっても依然として慎ましく、エゴイスティックなところがなかった。それどころか、彼は[5]「人が考える私の業績や能力と、ほんとうの私、ほんとうの能力にはグロテスクなほどの違いがある」と言っている。

有名人が他者と真の人間関係を結びにくい理由はここにある。真の人間関係とはエゴのイメージづくりや自分探しの支配を受けないものだ。真の人間関係には相手への開かれた明晰《めいせき》な関心の流れがあり、そこでは相手に何も求めてはいない。この明晰な関心が「いまに在る」ことで、すべての本物の人間関係に必須の要件である。エゴはいつも何かを求めていて、相手には求めるべきものが何もないと思えばまったく無関心になる。相手のことはどうでもいいのだ。だからエゴイスティックな関係にいちばん多い三つの状態とは欲求、欲求の挫折《ざせつ》（怒り、恨み、非難、不満）、それに無関心である。

# 第四章

# エゴはさまざまな顔で
# いつのまにか
# 私たちのそばにいる

## どれもエゴである

他者に何かを求めるエゴ――求めないエゴなどないが――は、それが物質的な利益であれ、権力意識であれ、優越感であれ、あるいは自分は特別だという意識や肉体的、心理的な喜びであれ、その「ニーズ」を満たすために何らかの役割を演じてみせるのがふつうだ。だが通常は自分が役割を演じているとはまったく気づかない。役割になりきっている。ごく微妙な役割もあれば、演じている当人以外なら誰の目にも明白な役割もある。

エゴは他者の関心を糧《かて》にして肥え太る。他者の関心は要するにある種の心理的なエネルギーだ。エゴはすべてのエネルギーの源があなた自身のなかにあることを知らないから、エネルギーを外に求める。エゴが求めているのは「いまに在る」という形のない関心ではなく、承認や賞賛や賛美や、とにかく注目され存在を認めてもらうという何らかの形をもった関心である。

他者の関心を怖がる内気な人もエゴの欲求から解放されているわけではなく、他者の関心を求めつつ恐れるという矛盾したエゴを抱えている。恐れとは、関心が否定や批判という形をとるのではないか、自己意識を強化するどころか萎縮《いしゅく》させるのではないかという不安である。だから内気な人は関心への要求よりも恐れのほうが大きい。内気には多くの場合、自分はだめなやつだという圧倒的にネガティブな自己意識が伴う。**観念的な自己意識――自分はこうだああだという思い――は、圧倒的にポジティブだろうと（私は偉大だ）、ネガティブだろうと（私**

**はダメだ)、どれもエゴである。**ポジティブな自己意識の陰にはきっと、それでもまだ充分ではないという不安が隠れている。ネガティブな自己意識の陰には必ず、他者より偉大でありたい、優れていたいという願望が隠れている。自信たっぷりだったり、何が何でも優越感を感じていたいというエゴの奥には、自分が劣っているのではないかという無意識の恐れが存在する。逆に内気で自信がなくて劣等感を抱いているエゴは、優越したいという強い願望を隠している。多くの人たちは状況に応じ、接する相手に応じて、劣等感と優越感のあいだを揺れ動く。そこであなたは次のことを心得て、自分を観察しなくてはいけない。**誰かに優越感や劣等感を感じたなら、それはあなたのなかのエゴが感じているのだ、**ということだ。

## 悪人、被害者、恋人

エゴのなかには、賞賛や賛美を得られないと別の形の関心に方向転換し、それを引き出すための役割を演じるものがある。たとえばポジティブな関心が得られないと、代わりに誰かを挑発してネガティブな反応を引き出し、ネガティブな関心を得ようとする。これは子どもにもすでに見られる。悪さをして関心を引こうとするのだ。とくにネガティブな役割演技が目立つのは、後述のペインボディ(エネルギーの場に集積された古い感情的な苦痛)が活性化されているとき、つまり過去の感情的苦しみを引きずっていて、同じような苦しみを何度も体験してはその苦しみを新たにしようとしているときである。有名になろうとして罪を犯すのもこの種のエゴで、彼らは悪名や他人の非難という形で関心を求める。「私はちゃんと存在していると、どうでもいい人間ではないと言ってくれ」と叫んでいるようだ。こういう病的な形のエゴも、ふつうのエゴが極端になっただけなのだ。

被害者役も非常にありふれた役割の一つで、同情や憐《あわ》れみや自分の問題、「私と私の物語」への興味という形で関心を求める。不満や、侮辱された、立腹したというような多くのエゴのパターンには被害者意識という要素がある。もちろん、自分に被害者の役割を振り当てた物語に自分を同一化してしまうと、その物語を終わらせたくないと思う。だからセラピストなら誰でも知っているように、エゴはアイデンティティの一部になった「問題」の終結を望まない。誰も「私の悲しい物語」に耳を傾けてくれないと、頭のなかで何度も自分に語り聞かせて自己憐憫《れんびん》にふける。そうすれば、人生や他人や運命や神に不公平な目にあわされている自分というアイデンティティを守れる。そのアイデンティティは自己イメージに明確な輪郭を与え、自分を何者かにしてくれる。エゴにとってはそれだけが大事なのだ。

いわゆるロマンティックな関係の初期の段階で、「自分を幸福にし、特別な存在だと感じさせて、すべての必要性を満たして」くれそうだと思った相手の関心を引き、つなぎとめておくために、エゴが何らかの役割を演じることはまったく珍しくない。「私はあなたが望む私を演じるから、あなたも私が望むあなたを演じてちょうだい」。これが暗黙かつ無意識の合意である。ただし役割を演じるのは大変だし、とくに一緒に暮らすようになれば無限に演技を続けていくわけにはいかない。役割がはげ落ちたら、何が見えるか？　残念ながら、ほとんどの場合はまだ相手の存在の真の本質は見えず、その本質を包んでいるもの、つまり役割を脱ぎ捨てた、ペインボディをひきずっている生のエゴが見えてしまう。そして妨げられた欲望は怒りに変じ、その怒りはまずエゴの自己意識に固有の不安や欠落感を解消してくれなかった配偶者、パートナーに向けられるだろう。

よく言われる「恋に落ちる」というのは、実はエゴイスティックな欲求と必要性の強化である場合が多い。あなたは相手に、というかあなたがもつ相手のイメージにおぼれる。それは何も求めない真の愛とは無関係だ。こういう従来の愛に関していちばん正直なのはスペイン語だろう。「テ・キエロ」には「あなたを愛しています」という意味と「あなたが欲しい」という意味がある。もう一つの愛の表現である「テ・アモ」にはこういう二面性はないが、こちらはあまり使われない。たぶん真の愛はめったに存在しないからだろう。

## 自己の定義を捨てる

各部族の文化が古代文明へと発展するにつれて、ある種の人々に支配者、聖職者、戦士、農民、商人、職人、労働者などの機能が振り当てられるようになった。こうして階級制度が発達する。それぞれの機能つまり仕事（たいていは生まれつき決まっている）がその人のアイデンティティとなり、他者の目に（それに自分自身の目に）映る自分が何者かを決定する。仕事イコールその人の役割となって、役割になりきってしまうのだ。役割が自分そのもの、あるいは「自分はこうだ」と考える自分となる。そのころブッダやイエスなどのごく稀《まれ》な人物だけがカーストや社会階級などの究極的な無意味さを見抜いていた。それが形への自分の同一化であること、そのように条件づけられた一時的なアイデンティティはそれぞれの人間から輝き出している無条件かつ永遠の光を覆ってしまうことを、彼らは認識していたのである。

現代社会では昔ほど社会構造が硬直的ではなく、それほど強固に構成が決まっているわけではない。もちろん多くの人は依然として環境という条件に左右されているが、自動的に機能を振り当てられて、それを自分のアイデンティティとするわけではない。それどころか現代世界では自分がどこにおさまればいいのか、生きる目的は何なのか、さらには自分とは何者なのか、人々の混乱は増すばかりだ。

私は「もう自分がわからなくなりました」と言う人にはたいてい、それはよかったですね、と応じることにしている。すると相手はまごついて聞き返す。「わからなくなって混乱しているのがいいことなんですか?」。それじゃ考えてごらんなさい、と私は言う。混乱しているというのはどういうことか? 「私にはわからない」というのは混乱ではない。混乱というのは、「私にはわからないが、しかしわかりたい」、あるいは「私にはわからないが、しかしわかる必要がある」という状態だ。では自分は何者かを知りたい、知る必要がある、という思いを捨てられるだろうか？　言い換えれば、自分という意識の観念的な定義を求めるのをやめられるか？　思考にアイデンティティを求めるのをやめられるか？　自分は何者かを知りたい、知る必要がある、という思いを捨てたら、混乱はどうなるか？　たちまち消えてしまう。自分にはわからないと素直に受け入れると、かえって安らかですっきりした状態になり、思考などを通じるよりもよほど真の自分に近づける。**思考によって自分を定義しようというのは、自分で自分に限界を引くことだ。**

## 事前に決まっている役割

もちろんこの世界では人々はそれぞれさまざまな機能を果たしている。それが当然だ。知的、肉体的な能力――知識、技能、才能、エネルギーレベル――は人によって大きく違う。ほんとうに大事なのはこの世界でどのような機能を果たすかではなく、その機能への自分の同一化がゆき過ぎて機能や仕事が役割になり、その役割になりきってはいないか、ということだ。役割になりきってしまうと、無意識になる。あ、役割を演じているなと意識すると、自分と役割に距離が生まれる。それが役割からの解放の始まりだ。完全に自分を役割に同一化していると、行動パターンと自分自身を混同し、自分を深刻に受けとめてしまう。さらに他人にも自分の役割に見合った役割を自動的に振り当てる。たとえばあなたが医者にかかったとして、相手が医師という役割に完全に自分を同一化していれば、彼らにとってはあなたは人間ではなくて患者、症例の一つでしかない。

現代の社会構造は昔ほど硬直していないといっても、人々が簡単に自分を同一化し、エゴの一部として取り込んでしまうさまざまな既成の機能や役割がある。そのために人間関係は真正なものでなくなり、人間味を失い、疎外感を伴う。この既成の役割はある種の心地よいアイデンティティを与えてくれるかもしれないが、結局は自分を失う結果になる。軍隊や教会、役所、大企業などの階層組織における機能は、簡単に役割としてのアイデンティティと化す。役割になりきって自分を失うと、ほんとうに人間らしいつきあいはできない。

既成の役割のなかには、社会的原型とも言うべきものがある。いくつか例をあげると、中流階級の主婦（以前ほど一般的ではないが、まだまだ広く残っている）、タフなマッチョ、誘惑する女性、「反体制的な」芸術家やパフォーマー、高価なドレスや高級車をひけらかすように文学や芸術、音楽などの知識をひけらかす「文化」人（ヨーロッパではちっとも珍しくない）などだ。それに「おとな」という普遍的な役割もある。この役割になりきると、自分についても人生についても非常に深刻になる。この役割には気まぐれやのんき、楽しみなどがつけいる隙《すき》はない。

一九六〇年代にアメリカ西海岸で始まって、その後西欧世界に広がっていったヒッピー・ムーブメントは、利己心に基盤を置く社会や経済構造だけでなく社会的原型や役割、既成の行動パターンに対する大勢の若者の反発から生じた。彼らは親や社会が押しつける役割を演じることを拒否した。しかもこのころは悲惨なベトナム戦争によって五万七千人以上のアメリカの若者と三百万人以上のベトナム人が犠牲になり、これによってシステムが抱える狂気とその底流にある思考傾向が白日の下にさらされた時期でもあった。一九五〇年代にはアメリカ人の大半はまだ思考でも行動でも体制順応派だったが、一九六〇年代になると集団的な狂気があまりにも明白になったため、何百万もの人たちが集団的、観念的なアイデンティティを振り捨て始めた。ヒッピー・ムーブメントはそれまでは強固だった人間心理のエゴイスティックな構造が緩み始めたことを示していた。ヒッピー・ムーブメントそのものはその後に変質し終わりを迎えたが、構造に開かれた隙間があとに残った。この隙間を感じたのは、ヒッピー・ムーブメントに加わった人たちばかりではなかった。そしてその開かれた隙間のおかげで、グローバルな意識の目覚めに不可欠な役割を果たす東洋の古い智恵《ちえ》や霊性（スピリチュアリティ）が西洋世界に流れ込むことが可能になったのである。

## 一時的な役割

あなたが充分に目覚め、充分に敏感で、自分の人間関係をきちんと観察することができれば、相手によって微妙に変化する自分の言葉や姿勢やふるまいを察知できるだろう。最初は他人の変化のほうが目につくかもしれない。だが、そのうち自分自身の変化にも気づくはずだ。企業の会長を相手にするときと守衛相手のときでは微妙に話し方が違うだろう。子どもに話すときとおとなに話すときでも違うはずだ。どうしてか？　役割を演じているからだ。会長に対しても守衛に対しても子どもに対しても、あなたはあなた自身ではない。店に入って買い物をするとき、レストラン、銀行、郵便局に行くとき、あなたは自分が既成の社会的役割を演じていることに気づくのではないか。あなたは顧客となり、顧客らしく話す。そして販売員やウェイター（彼らもその役割を演じている）に顧客として対応される。二人の人物のあいだで条件づけられたさまざまなパターンが発現し、それが人間関係の性質を決定する。人間そのものの代わりに観念的なイメージ同士が関係をもつ。それぞれの役割になりきっていればいるほど、人間関係は真正なものではなくなる。

あなたには相手だけでなく自分自身についても（とくに相手との関係で）、何者であるかという観念的なイメージがある。あなた自身が相手とつきあっているのではなく、あなたが考えるあなたという人物が、あなたが考える相手という人物とつきあっている。相手のほうも同じことだ。自分自身についてどんな観念的なイメージができあがっているかは、相手についてどんな観念的なイメージをつくりあげるかに影響する。相手のほうでも同じことをしているだろうから、二人の人間のエゴが向き合う関係では、実際には四つの観念的なアイデンティティがからみあうことになるが、そのアイデンティティは要するに虚構だ。だから人間関係に多くの葛藤《かっとう》がつきまとうのもぜんぜん意外ではない。真の関係など、そこにはないからだ。

## 手に汗握った禅僧

ある禅僧が著名な貴族の葬儀を執り行うことになった。参列する王侯貴族や夫人たちを出迎えているとき、彼は自分の両手が汗ばんでいるのに気づいた。

翌日、彼は弟子たちを呼び集め、自分はまだ真の師たり得ないと告白した。乞食《こじき》だろうと王様だろうと、すべての人間に対して同じ姿勢で臨むということができていない。自分はまだ社会的な役割と観念的なアイデンティティを通じて人を見ており、すべての人間の同一性を見ていない。

それから彼は寺を去って、別の師のもとで修行に入った。そして八年後、悟りを開いて弟子たちのもとへ戻ってきたという。

## 役割としての幸せと、真の幸せ

「最近、いかがですか?」。「調子いいですよ。絶好調です」。これは真実か、それとも偽りか?

多くの場合、幸福とは人々が演じる役割で、笑顔の陰には多くの苦しみが隠されている。真っ白な歯がのぞく笑顔の裏に不幸が隠されているとき、自分自身にさえ不幸ではないぞと否定しているときには、鬱《うつ》やノイローゼ、過剰反応が起こることが珍しくない。

アメリカではエゴは「元気ですよ」という役割を演じるのがふつうになっている。この傾向は、実際に惨めで惨めに見えるのもあたりまえだし、その状況が社会的にも受け入れられやすい国々に比べてとくに顕著だ。誇張だろうとは思うが、ある北欧の首都では通りで知らない人間に微笑《ほほえ》みかけると酔っ払いとして逮捕される危険があると聞いたことがある。

**あなたのなかに不幸が存在するなら、まず自分のなかの不幸を認識する必要がある。**だが「私は不幸だ」と言ってはいけない。不幸とは、あなたそのものとは何の関わりもない。だから「私のなかに不幸がある」と言おう。そして、それを観察する。あなたのいまの状況が不幸と関係しているのかもしれない。状況を変えたり、状況から脱出するには行動が必要かもしれない。自分にできることが何もなければ、その事実を見つめよう。「いまはこういう状況だ。これをそのまま受け入れるのも、それで惨めになるのも自分しだいだ」。

**不幸の第一原因は状況ではなく、その状況についてのあなたの思考なのだ。**自分の思考をきちんと観察しよう。思考を状況と切り離そう。状況はつねに中立だし、つねにあるがままである。向こうには状況あるいは事実があり、こちらにはそれについての自分の思考がある。物語をつくりあげたりせずに、事実とともに留《とど》まってみよう。たとえば「私はもうダメだ」というのは物語だ。物語はあなたを限定し、効果的な行動を妨げる。「通帳に五十セント残っている」というのは事実だ。**事実と直面すると、必ず力が湧《わ》いてくる。**だいたいは自分の思考が感情を生み出すということに気づこう。思考と感情のつながりを観察しよう。思考と感情になりきるよりも、それを後ろから観察して気づく存在になること。

幸せを探してはいけない。探したら、見つからない。探すというのは幸せのアンチテーゼだからだ。幸せはつかみどころがないが、不幸からの解放なら、物語をつくりあげずに事実と堂々と向き合うことによって、たったいま実現できる。不幸は真の幸せの源である安らぎや満足という本来の状態を覆い隠してしまう。

## 親であること：役割か機能か？

たいていのおとなは、幼い子どもに話しかけるときには役割を演じている。子どもっぽい言葉を使ったり、声のトーンを変えたり、目下の者に話しかける態度になる。子どもを対等の相手と見ない。だが、とりあえず相手よりよけいにものを知っていたり、身体が大きいからといって、子どもと自分が対等ではないということにはならない。おとなの大半は人生のどこかで親という最も普遍的な役割の一つを担う。ここで大事なのは、親という機能に自分を同一化して役割になりきってしまわずに、その機能を充分に果たすことができるかどうかである。親として必要な機能には、子どもの必要性を満たすこと、危険な目にあわないようにすること、ときには何をしなさい、何をしてはいけないと命令することが含まれている。だが親であることがアイデンティティになってしまうと、自分という意識のすべてもしくは大半が親という意識に染めあげられ、親という機能が過剰に強調され拡大されて、自分を見失う。子どもに必要なものを与えるという機能もやりすぎになって、子どもを甘やかしダメにする。危険を防ぐだけでなく過保護になり、子どもが世界を探検したり自分でいろいろなことを試してみるのを邪魔してしまう。あれをしなさい、これをしてはいけないという指示が威圧的な支配に変わる。

それだけでなく、アイデンティティになってしまった役割演技は、その機能が必要とされなくなったあとまで引きずられる。そうなると子どもが成人したあとも、親は親であることを諦《あきら》められない。子どもに必要とされたいというニーズを手放せないのだ。子どもが四十歳になっても、親はまだ「何があなたのためになるか、私がいちばんよくわかっている」などと言う。なおも親という役割を強迫的に演じ続けるから、真正な人間関係は築けない。役割で自分を規定している親は、親でなくなることによってそのアイデンティティを失うのを無意識のうちに恐れている。成人した子どもを支配したい、その行動に影響を及ぼしたいという欲求が妨げられると（それが当然なのだが）、子どもの生き方を批判したり否定したりし、子どもに罪悪感を抱かせようとする。それもこれもすべて、親としての役割を維持しよう、アイデンティティを確保しようという無意識の試みである。表面的には子どものことを心配しているように見えるし、当人もそう信じているが、実は自分の役割＝アイデンティティを維持したいだけなのだ。すべてのエゴの動機は利己的な自己強化にあるが、ときには巧みにごまかされていて、そのエゴが働いている当人すら気づかない。

親としての役割に自分を同一化している母親や父親は、子どもを通じて自分がもっと完璧《かんぺき》になろうとする。他者を操ることを通じて自分が感じ続けている欠落を埋めたいというエゴの欲求が子どもに向かう。子どもを操ろうとする親の衝動の陰には、このほとんど無意識な想定と動機が隠れているが、これが意識されて言葉になれば、きっとこう言い出すに違いない。「あなたには私が実現できなかったことを実現してもらいたい。世間の注目を浴びる立派な人になってもらいたい。そうすれば私もあなたを通じてひとかどの人間になれる。私を失望させないでほしい。私はあなたのためにたくさんの犠牲を払った。あなたの行動を否定するのは、あなたを罪悪感で落ち着かない気持ちにさせて、私の望む通りに動かしたいからだ。もちろん、何があなたのためになるかは私がいちばんよく知っている。私はあなたを愛しているし、あなたが私の言う通りにすべきことをするなら、これからも愛してあげる」。

自分が無意識にこんな動機を抱いていると気づけば、それがどれほどとんでもない要求か、すぐにわかるだろう。背後にあるエゴもその機能不全も見えてくる。私が話をした親のなかには、「驚いた、私はこんなことをしていたんですか？」とやっとわかった人たちもいた。自分が何をしているか、何をしてきたかがわかれば、そのむなしさもわかるから、無意識のパターンは自然に終わりを告げる。**気づきは変化の最大の触媒なのだ。**

だが親がこの通りであっても、あなたは無意識にエゴに捉《とら》えられている、などと親に言ってはいけない。そんなことを言えばエゴは防衛態勢をとるから、親たちはますます無意識に逃げ込みかねない。あなたのほうが親のなかのエゴを認識し、エゴと親を区別すればいい。エゴイスティックなパターンは、たとえ長いあいだ続いてきたものであっても、こちらが抵抗しないでいると奇跡のようにあっというまに消えることがある。抵抗すれば、相手はますます力をつけるだけだ。それに相手のエゴイスティックなパターンが消えなかったとしても、親のふるまいにいちいち反応せず、つまりそれを個人的に受けとめず、なるほどそう思うのかと穏やかに受け入れればいい。

それと同時に、定型化した古い自分の反応の陰にある無意識の想定や期待にも気づかなくてはいけない。「親は私のすることを認めるべきだ。ありのままの私を理解し、受け入れるべきだ」。ほんとうにそうだろうか？　どうしてそうすべきなのか？　実は親がそうしないのは、できないからだ。進化途上の彼らの意識はまだ気づきのレベルへの量子的飛躍を遂げていない。自分と自分の役割を引き離すことができない。「それはそうだろうが、親が理解して承認してくれなければ、私は居心地が悪いし、幸せになれない」。そうなのか？　親が承認してくれようとくれまいと、あなた自身にどんな違いがあるのか？　そういうきちんと検討したことのない想定が、多大のマイナス感情や不必要な不幸の原因となっているのだ。

気をつけたほうがいい。あなたの心に浮かぶ考えのなかには、内面化されたこんな父親や母親の声が混じっていないだろうか？「あなたにはまだ足りないところがある。あなたはきっとろくな者にならない」。その他似たような批判や見解がくすぶってはいないか？　あなたのなかに気づきがあれば、頭のなかの声の正体は過去に条件づけられた古い思考であると認識することができる。あなたのなかに気づきがあれば、浮かぶ思考をいちいち信じる必要はなくなる。それは古い思考、それだけのものだ。**気づきとは「いまに在る」ことを意味する。「いまに在る」ことだけが、あなたのなかの無意識の過去を解体する。**

「自分は悟ったと思うなら、両親を訪ねて一週間一緒に過ごしてごらん」とラム・ダスは言った。これはいいアドバイスだ。親との関係はその後のすべての人間関係の基本だというだけではなく、あなたがどこまで「いまに在る」ことができているかの試金石にもなる。共通の過去が多い人間関係ほど「いまに在る」必要も大きくなる。そうしないと、何度でも過去を再現して生きなくてはならないからだ。

## 意識的な苦しみ

幼い子どもがいたらできるだけ助け、指導し、保護してやるべきだが、それよりもっと大切なのは、子どもに場を——生きる場を——与えることだ。子どもたちはあなたを通してこの世に生まれ出るが、「あなたのもの」ではない。「何があなたのためになるか、私がいちばんよく知っている」という信念は、子どもたちが幼いときは当たっているかもしれないが、大きくなればなるほど見当違いになる。子どもがどう生きるべきかを期待すればするほど、あなたは子どもたちのために存在するのではなくて、自分の心のなかに引きこもることになる。すべての人間がそうであるように子どもたちもいつかは過ちを犯すだろうし、何らかの形で苦しみを経験するだろう。それに親の目から見れば過ちでも、ほんとうはそうではないかもしれない。あなたが過ちだと思っても、それは子どもにはどうしても必要な行為や経験かもしれない。できるだけの助力や指導はするべきだが、とくにおとなになりかけた子どもには、ときどきは過ちを犯させる必要があることに気づかなくてはいけない。それにときには苦しませることも必要だ。苦しみはとつぜん襲いかかってくるかもしれないし、自分の過ちの結果として味わうかもしれない。

子どもが何の苦しみも経験しないように守ってやればすばらしいか？　いや、そうではない。それでは人間として成長できず、浅薄で、外形的な形に自分を同一化したままで終わるだろう。**苦しみは深みのある人間をつくる。苦しみの原因は形への自分の同一化だが、逆にその苦しみが形との同一化を突き崩す。**苦しみの多くはエゴに起因するが、結局は苦しみがエゴを破壊する――ただし苦しみに意識的でなければならない。

人間は苦しみを乗り越えるようにできているが、しかしエゴが考えるようなやり方で乗り越えるのではない。エゴの多くの間違った想定の一つ、多くの勘違い思考の一つは、「私は苦しむべきではない」というものだ。ときにはこの思考は、「私の子どもは苦しむべきではない」という具合に身近な者にまで拡大される。この考え方そのものが苦しみの根底にある。苦しみには崇高な目的が、意識を向上させてエゴを焼き尽くすという目的があるのだ。十字架上のかの人がその原型である。彼はすべての男であり女だ。あなたが苦しみに抵抗し続ければ、その抵抗が焼き尽くすべきエゴをさらに生み出すから、苦しみのプロセスは長引く。だが苦しみを受け入れると、意識して苦しむことによってそのプロセスは加速される。自分の苦しみを受け入れることもあれば、子どもや親など誰か他者の苦しみを受け入れることもあるだろう。**意識的な苦しみのただなかで、変容はすでに起こり始めている。苦しみの火は意識の明かりとなる。**

エゴは「私は苦しむべきではない」と言うし、その考えがさらにあなたを苦しめる。これは真実の歪曲《わいきょく》で、つねに逆説的だ。あなたは苦しみを変容させる前に、苦しみにイエスと言う必要がある。それが真実である。

## 意識的な親

多くの子どもは隠れた怒りや恨みを親に抱いていて、それが真正でない親子関係の原因となることもままある。子どもは心の奥で親に、親という役割を演じるより（どれほど誠実に演じようとも）人間であって欲しいと願っている。あなたは子どものために正しいことをして最善を尽くしているかもしれないが、いくら最善を尽くしても、それだけでは足りない。それどころか正しくても最善でも、行動するだけで、「いまに在る」ことを無視していたのでは、絶対に充分ではない。

エゴは「いまに在る」ことについては何も知らないから、行動によって救われると信じている。あなたもエゴの罠《わな》に落ちているなら、行動をどんどん積み重ねていけば、いつかは充分な「行動」によって自分を完全だと感じられるはずだと思っている。だが、そうはならない。行動のなかで自分を失うだけだ。現代文明そのものが、「いまに在る」ことに根ざしていない。したがって無駄な行動のなかで自分を失っている。

どうすれば忙しい家庭生活のなかに、子どもとの関係に、「いまに在る」ことを持ち込めるか？　鍵《かぎ》は、子どもに関心を注ぐことだ。ただし、関心には二種類ある。一つはいわば形に基づく関心で、もう一つは形のない関心だ。形に基づく関心は、つねに何らかの形で行動や評価と関係する。「宿題はやったの？　さっさと食事をしなさい。部屋を片づけなさい。歯を磨きなさい。これをしなさい。あれをしてはいけない。急いで、さっさとしなさい」。

次にしなければならないことは何か？　この問いが多くの家庭生活を要約している。形に基づく関心ももちろん必要だし、それが有効な場がある。だが親子関係にそれしかないと最も重要な次元がなおざりにされ、行動、つまりイエスが「この世の思い煩い」と言ったことによって、「いまに在る」ことが完全に覆い隠されてしまう。形のない関心は、「いまに在る」次元と不可分だ。それはどんなふうに働くか？

子どもを見つめ、話を聞いてやり、触れ合い、あれこれを手伝ってやるときにはその瞬間以外は何も望まず、決して上の空にならず、穏やかに、静かに、完全にいまこのときだけを意識していること。そうすれば、「いまに在る」ことが可能になる。あなたがその瞬間に在るなら、そのとき、あなたは父親でも母親でもない。あなたは静かな気づきとなって「存在」し、その「存在」が耳を傾け、見つめ、触れ、話すだろう。あなたは行動の奥にある「存在」になる。

## 子どもを認める

あなたは人間という大いなる存在（human being）だ。これは何を意味するか。人生のコツは支配にではなく、人間（human）と大いなる存在（Being）のバランスを見つけることにある。母親、父親、夫、妻、若者、老人、演じる役割、果たすべき機能、何であれ行動はすべて人間（human）の次元に属する。人間の次元にはそれなりの場所があり、尊重すべきだが、それだけでは充分に満たされた真に意義ある人間関係や人生にはならない。そこで大いなる存在（Being）の出番だ。これは静かで鋭敏ないまに在る意識のなかで見つかる。その意識があなただ。**人間とは形であり、「大いなる存在」には形がない。人間**

**と「大いなる存在」は別々ではなく、不可分にからみあっている。**

人間の次元では、あなたはもちろん子どもより上だ。大きいし、強いし、知識も多く、たくさんのことができる。その次元しか知らなければ、あなたはたとえ無意識であっても子どもに優越感をもつだろう。そして子どもにはたとえ無意識であっても劣等感を抱かせる。あなたと子どもは対等ではない。親子関係に形しかなく、形のうえではもちろん親子は対等ではないからだ。あなたは子どもを愛しているだろうが、その愛は人間の次元でしかない。つまり条件つきで、独占欲がからみ、波がある。形を超えた「大いなる存在」の次元でのみ、あなたがたは対等だし、自分自身のなかに形のない次元を発見できたときにだけ、親子関係に真の愛情が生まれる。その「大いなる存在」とはあなたであり、時間のない「私は在る」であり、その「大いなる存在」を他者のなかに認めたとき、この場合は子どものなかに認めたとき、子どもは愛されていると感じるし、自分が認められていると感じる。

**愛するとは、他者に自分自身を認めることだ。**そのとき、他者の「他者性」は人間的な領域、形の領域に属する幻想としての正体を現す。すべての子どものなかにある愛への欲求は、形のレベルだけでなく「大いなる存在」のレベルでも認められたいという欲求である。親が人間の次元だけで子どもを尊重し、「大いなる存在」の次元を無視するなら、子どもは親子関係に満足せず、不可欠な何かが欠けていると感じ、子どものなかに苦しみが積みあがっていき、ときには無意識のうちに親を恨むだろう。「どうして、私を認めてくれないの?」。子どもの苦しみや恨みはそう言っているように聞こえる。

誰かがあなたを認めてくれたとき、認め認められた二人を通じて「大いなる存在」の次元がこの世界により豊かに導き入れられる。それがこの世界を救い出す愛である。これは親子関係という具体的な事例についての話だが、もちろんすべての人間関係にあてはまる。

「神は愛である」と言われるが、これは厳密に言えば正確ではない。神は無数の生命体のなかにあって、しかもその生命体を超える「ひとつの生命」だ。愛とは二元性を意味する。愛する者と愛される者、主体と客体である。だから愛とは二元性の世界において一元性を認識することなのだ。これが形の世界に生まれ出た神である。愛はこの世界をこの世界らしくなくする。愛によってこの世界はより軽やかになり、透明になって聖なる次元と意識そのものの光を透過させる。

## 役割を演じることをやめる

**どんな状況でも、その役割に自分を同一化せずに、しなければならないことをする。これがこの世に生まれ出た私たちが学ぶべき人生の基本的なレッスンである。**

何をするにしても、役割というアイデンティティを守ったり強化したりするために、あるいは役割にはめ込むために行動するのではなく、ただ目的を達成するために行うとき、人はとても力強くなる。どんな役割もでっちあげられた自己意識で、その意識を通じてすべてが個人的に受けとめられ、心がつくりあげた「小さな私（ｌｉｔｔｌｅ　ｍｅ）」とそれが演じる役割によって汚されたり歪《ゆが》められたりする。多少の例外はあるものの、政治家、テレビの司会者やニュースキャスター、ビジネスリーダーや宗教界の指導者などこの世界で権力者の地位にある人々の大半は、その役割に完全に自分を同一化している。彼らはＶＩＰとして扱われているかもしれないが、いくら重要らしく見えても結局は真の目的などないエゴというゲームの無意識のプレーヤーであることに変わりはない。シェークスピアの言葉を借りれば、[1]「愚者のおしゃべり、わいわいがやがや、騒がしいばかりで何の意味もない」。驚いたことに、シェークスピアはテレビなどない時代にこの結論に達している。地上で繰り広げられているエゴのドラマに何か目的があるとするなら、それは間接的なものだろう。エゴのドラマはこの地上にさらに多くの苦しみを撒《ま》き散らしていくのだが、その苦しみはだいたいがエゴによって創《つく》り出されたものなのに、結局はエゴを破壊するからだ。苦しみはエゴが自らを焼き尽くす炎なのである。

　役割と演技だらけの世界では、心が創り出したイメージを投影しない人たち（こういう人はテレビ界やメディアの世界、ビジネスの世界にも存在する）、その存在の深い核心から機能を果たし、自分を実際以上に大きく見せようとはせず、ただ自分らしくある人たちは、際立った光彩を放っているし、こういう人たちだけがこの世界をほんとうに変えることができる。彼らは新しい意識の担い手だ。彼らの行動はすべて、全体の目的に合致しているから力強い。しかも彼らの影響力はその行動や機能をはるかに超えたところまで及ぶ。彼らが——シンプルに自然に控えめに——存在するだけで、出会う人々を変容させる効果がある。

**役割を演じていないとは、行動に自己（エゴ）がでしゃばらないということだ。**自分自身を守ろうとか強化しようという下心がない。その結果、あなたの行動ははるかに大きな力をもつ。あなたは完全に状況に焦点をあわせる。いまの状況とひとつになる。とくにこういう人間になろうとは思わない。完璧に自分自身であるとき、あなたは非常に力強く、その力は効果的だ。だが、自分自身であろうという努力はやめたほうがいい。それもまた一つの役割になるからだ。「かまえない自然な私」という役割だ。あれこれになろうと努力を始めたとたんに、あなたは役割を演じる。「ただ自分らしくあればいい」というのは優れたアドバイスだが、誤解もされる。心が介入してきて、こう言うのだ。「ええと、待ってくださいよ。どうすれば、自分らしいだろう?」。そして心はある種の戦略を立てる。「自分らしくある方法」だ。これも役割である。「どうすれば自分らしくあることができるか?」というのは、質問として間違っている。自分自身であるために、何かをしなければならないのか。あなたはすでに自分自身なのだから、ここでは「どうすれば」という言葉はふさわしくない。すでにある自分に無意識のよけいな荷物を負わせるのはやめたほうがいい。「だが私は自分が何者なのかわからない。自分らしくあるというのがどういうことなのか、わからない」。自分が何者かわからなくてもぜんぜんかまわないと思えたら、そのとき残っているのがあなただ——人間（human）の奥にある大いなる存在（Being）、すでに定義された何かではなく、純粋な可能性が展開する場である。

自分自身を――自分にも他人にも――定義することはやめよう。定義をやめても死にはしない。それどころか生命を取り戻す。それから、他人があなたをどう定義するかを気にするのもやめよう。定義する人は自分自身を制約しているのだから、それはその人たちの問題だ。**人々とつきあうときには、機能や役割であるよりも、意識的に「いまに在る」場として向き合おう。**

エゴはどうして役割を演じるのか？　きちんと検討されていない想定、基本的な過ち、無意識の思考のせいだ。その思考とは「私は充分ではない」ということである。この思考から、次のような思考が導かれる。「私が充分に自分自身であるために必要なものを獲得するには、役割を演じなくてはならない」「もっと存在するためには、もっと獲得しなくてはならない」。だが、自分よりもっと多く存在することなどできない。あなたという肉体的心理的な形の奥では、あなたは「生命（Life）」そのもの、「大いなる存在（Being）」そのものとひとつだからだ。形のうえでは、あなたは誰かより劣り、誰かより優れているだろう。だがあなたの本質は誰にも劣っていないし、優れてもいない。それを認識したときに、真の自尊心と真の慎み深さが生まれる。エゴの目から見ると、自尊心と慎み深さは矛盾している。ほんとうは両者は同じものなのだ。

# 病的なエゴ

言葉の広い意味では、どんな形をとろうとエゴはそれ自体が病的（ｐａｔｈｏｌｏｇｉｃａｌ）だ。「ｐａｔｈｏｌｏｇｉｃａｌ」という言葉のギリシャ語の語源を見ると、これがエゴにどれほどぴったりかがよくわかる。この言葉はふつうは病気の状態を表現するのに使われるが、もともとは苦しみや悲しみを表すｐａｔｈｏｓから来ている。もちろん二千六百年前にブッダが人間存在の本質は苦だと見抜いた、あの苦である。

エゴに囚《とら》われている人は苦しみを苦しみと認めず、どんな状況でもそれが唯一適切な対応だと考える。エゴには自分が自分自身や他者に及ぼす苦しみが見えない。不幸はエゴが創り出した精神的な病だが、それが伝染病と化している。地球の環境汚染と同様の心の汚染だ。怒りや不安や憎悪、恨み、不満、羨望《せんぼう》、嫉妬《しっと》その他のネガティブな状態がネガティブと感じられず、完全に正当化され、しかも自分が創り出したのに他人か何らかの外部要因のせいだと勘違いされている。「私の苦痛はあなたのせいだ」。エゴはいつもそう言う。

エゴは状況と状況に対する解釈および反応を区別できない。「なんてひどい天気だ」と言うあなたは、寒さや風雨その他あなたが反応した状況が「ひどい」わけではないと気づかない。ひどいと反応したのはあなたであり、あなたの内なる抵抗であって、ひどいなあという感情はその抵抗が生み出したものだ。シェークスピアの言葉を借りれば、[2]「ものごと自体には良いも悪いもない。良いか悪いかは考え方ひとつ」なのである。しかも苦しみや否定的な状態もある程度までならエゴの強化に役立つため、エゴは往々にしてそれを喜びと勘違いする。

たとえば怒りや恨みは他者との分離意識を強め、他者の他者性を拡大して、「正義」という一見難攻不落の砦《とりで》のような精神状態を生み出すので、エゴが大幅に強化される。そういうネガティブな状態になったとき、自分にどんな心理的変化が起こるか、また心肺や消化器、免疫系その他無数の身体機能にどんな悪影響が出るかを観察できれば、その状態が病的であり、喜びではなく苦しみの一形態であることは一目瞭然《りょうぜん》だろう。

ネガティブな状態になったとき、あなたのなかには必ずその状態を望む何者かがいて、そのネガティブな状態を喜びだと感じるか、それによって欲しいものが手に入ると信じている。そうでなければ、どうしてネガティブな状態にしがみつき、自分や他人を惨めにして身体的な病を創り出したがるのか。だから**自分のなかにネガティブな状態が生まれたとき、そのネガティブな状態に喜びを感じる、あるいはそれが目的達成に役立つと考える部分があると気づけたなら、あなたはまさにエゴに気づいたことになる。**そのとき、あなたのアイデンティティはエゴから気づきへとシフトしている。エゴが縮み、気づきが成長したということだ。

ネガティブな状態のさなかに、「いまこの瞬間、私は自分で苦しみを創り出して自分を苦しめている」と気づくことができれば、それだけで条件に限定されたエゴイスティックな状態と反応という限界を乗り越えることができる。気づきによって訪れる無限の可能性が開ける。どんな状況にも知的に対応できる可能性である。こんなのは知的ではないと気づいた瞬間に、あなたは自分の不幸から解放されて自由になる。ネガティブな状態は知的ではない。それはつねにエゴである。エゴは小賢《こざか》しいかもしれないが、知的ではない。小賢しさは小さな目的を追いかける。知性はすべてが関連したもっと大きな全体像を見る。小賢しさは利己心によって動機づけられ、きわめて近視眼的だ。政治家やビジネスマンのほとんどは小賢しい。知的な人はとても少ない。小賢しさによって獲得したものは長続きせず、結局は自己破壊につながる。小賢しさは自分や人々を分断し、知性はすべてを包み込む。

## そこはかとない不幸

エゴは分離を創り出し、分離は苦しみを創り出す。したがってエゴは明らかに病的だ。ネガティブな状態には怒りや憎悪など見てすぐにわかるものの他に、もっと微妙な状態があって、それはふつうネガティブとはみなされていない。たとえば短気、苛立《いらだ》ち、神経質、「うんざり」な状態などだ。こういう状態がそこはかとない不幸を生み出す。それが多くの人の日常的な状態だ。そこに気づくためには**すこぶる鋭敏で、絶対的に「いまに在る」必要がある。**そんなふうになれれば、それこそが気づきの瞬間であり、心の支配から脱するときだ。

ごく一般的なネガティブな状態で、だからこそ簡単に見すごされ、あたりまえだと思われているものがある。あなたにもきっとなじみがあるはずだ。あなたはしばしば、そこはかとなく恨みがましい気持ちというのがぴったりの感情を経験するのではないか？　これという原因がある場合もない場合もあるだろう。多くの人は人生の大半をこういう状態で過ごす。その状態とあまりに同一化してしまって、客観的に見られないので、自分では気づかない。その底流にあるのは、ある種の無意識の信念、思考の集まりだ。そういう思考は眠っているときに見ている夢と同じようなもので、夢を見ている人が夢を見ていると思っていないように、自分で考えているとは意識せずに考えている。

次にあげるのは、そのようなそこはかとない不満や恨みの感情を煽《あお》る無意識の思考のごく一般的なものである。ここでは内容は抜き取って、むき出しの骨格だけを残してある。そのほうがわかりやすいからだ。あなたが人生の背景に（あるいは前景に）不幸を感じたら、次のどの思考の骨格があてはまるかを考え、個人的な状況に応じて内容を補足してみるといい。

「私が安らぎを得るには（幸せになるには、満たされるには、等々）、あることが起こる必要がある。それが起こっていないのが不満だ。不満に思っていれば、そのうちそれが起こるかもしれない」

「過去に起こってはならないことが起こった。それを私は恨んでいる。あれが起こらなかったら、私はいま安らかな気持ちでいられたのに」

「いま起こってはならないことが起こっている。そのせいで私は安らかな気持ちでいられない」

この無意識の信念はよく誰かに向けられ、「起こる」べきことが「する」べきことになる。

「あなたはあれこれをするべきだ。そうすれば、私は安らかな気持ちでいられる。それをあなたがしないから、私は恨んでいる。恨んでいれば、あなたはそれをするかもしれない」
「過去にあなた（私）のしたこと、言ったこと、あるいはしなかったことのせいで、いま私は安らかな気持ちでいられない」
「いまあなたがあることをしようとしないために、私は安らかな気持ちでいられない」

## 幸福の秘訣

先にあげたのはすべて検討されていない想定、思考で、それが現実と混同されている。どれも、あなたがいま安らかな気持ちでいられない、いま充分に自分らしくいられない理由として、あなたを説得するためにエゴが創り出した物語だ。安らかな気持ちでいられるのと自分らしくいられるのとは同じことである。エゴは言う。将来のいつか、私は安らかな気持ちになれるかもしれない――あれやこれやが起これば、これが得られれば、こうなれば。あるいはこう言う。私は決して安らかな気持ちにはなれない。なぜなら過去にこんなことがあったから。人々の物語はみんな、「どうして私はいま安らかな気持ちになれないのか」という物語だ。エゴはあなたが安らかな気持ちになれるチャンスはいましかないことを知らない。知っていても、あなたがそれに気づいては大変だと恐れている。安らぎはエゴの終わりだからだ。

**それでは、いま安らぎを得るにはどうすればいいか？　いまという瞬間と仲直りをすることだ。**いまという瞬間は、生命というゲームが展開している場である。生命は他のどこで展開することもあり得ない。いまという瞬間と仲直りしたら何が起こるかを、自分には何ができ、どんな行動を選ぶことができるかを、それよりもあなたを通して生命がどう展開するかを見つめよう。生きる秘訣《ひけつ》、すべての成功と幸福の秘訣は、次の言葉に要約できる。「生命とひとつになること」。生命とひとつになることは、いまという時とひとつになることだ。そのときあなたは、自分が生命を生きているのではなく、生命があなたを生きているのだと気づく。生命が踊り手で、あなたが舞踊なのだ。

エゴは現実を恨むのが大好きだ。どんな現実か？　どんな現実でも、である。ブッダはそれをタタータ、あるがままの人生と呼んだ。あるがままの人生とは、あるがままのこの瞬間でもある。あるがままの人生、あるがままのこの瞬間に対抗する、それがエゴの特徴の一つだ。それによってネガティブな状態が創り出され、そのネガティブな状態のおかげでエゴが肥え太り、エゴの大好きな不幸が生まれる。そうやってあなたは自分も他人も苦しめるが、自分ではそれに気づかないし、自分がこの地上に地獄を創り出しているとも思っていない。知らずに苦しみを創り出す、それが無意識な生き方の本質だ。完全にエゴに囚《とら》われた生き方である。自分を認識できず、自分が何をしているかもわからないエゴの無能力さは驚異的で、まさに信じがたい。エゴは他人を糾弾するが、自らがそれとまったく同じことをしているのに気づかない。その事実を指摘されれば怒って否定し、巧みに反論し、自己正当化のために事実を歪曲する。個人もそうだし、企業も政府もそうだ。そしてすべての対抗策に失敗すると喚《わめ》き散らし、物理的暴力まで振るう。海兵隊を派遣する。そう考えると、十字架上のイエスの「彼らをおゆるしください。自分で何をしているかわかっていないのです」という言葉がどれほど深い智恵《ちえ》から発していたかがよくわかる。

**何千年も人類を苦しめてきた悲惨さに終止符を打つには、まず与えられた瞬間の自分の内面の状態に自分が責任をもつことから始めなくてはならない。つまり、たったいまからである。**

自分自身に聞いてみよう。「いまこの瞬間、自分のなかにネガティブな状態がないか?」。それから自分の感情や思考を冷静に見つめる。先にあげた不満や苛立ちや「うんざり」した気分など、低レベルの不幸が自分のなかにないかを観察しよう。とくにその不幸を正当化したり説明する思考(実はそれが不幸の原因なのだ)に気をつけて観察しよう。自分のなかにネガティブな状態があると気づいても、それは失敗ではない。それどころか成功である。そこに気づかない限り、内面の状態と同一化したままであり、それがエゴとの同一化なのだから。だが気づけば、思考や感情や自動的な反応と自分が切り離される。これを否認と混同してはいけない。否認ではなく思考や感情や自動的な反応の認識で、認識の瞬間にそれらとの同一化が解消する。あなたは自己を、自分が何者かを意識し、そこで変化が起こる。それまでのあなたは思考であり感情であり自動的な反応だった。だがいまのあなたは気づきであり、「いまに在る」意識として内面状態を観察している。

「私はいつかエゴから解放されるだろう」。そう言っているのは何者か？　エゴだ。エゴからの解放は決して大それた偉業ではなく、ちょっとした仕事にすぎない。必要なのは自分の思考と感情に――それが起こったときに――気づくこと。これはしっかりと「観察する」ことで、「行動」ではない。その意味では、エゴからの解放のためにできることは何もないというのは当たっている。**思考から気づきへの変化が起こると、エゴの小賢しさよりもはるかに偉大な知性があなたの人生に働き始める。気づきによって、感情や思考さえも個人的なものではなくなる。それが本来、個人的なものではないことがわかってくる。もうそこには自己はない。**ただの人間的な感情、人間的な思考だ。あなた個人が生きてきた物語（それは結局は一つの物語にすぎない）、思考と感情の塊の重要性は二の次になり、意識の前面を占領することはない。もうあなたのアイデンティティの基盤ではなくなる。あなたは「いまに在る」という光になり、思考や感情よりも先行するもっと深い気づきになる。

## エゴの病的な形

病的という言葉を機能不全や苦しみまで含めた意味で使うなら、これまで見てきたようにエゴは本質的に病的である。精神障害の多くは、ふつうの人々にも見られるエゴの特徴を示している。ただ、苦しんでいる当人は別として、誰の目から見ても明らかなほど極端になったというだけだ。

たとえばふつうの人でも、自分を重要人物に、特別な存在に見せたい、人々に印象づけたいがために、ときおりウソをついたりする。誰と知り合いか、どんな業績や能力や所有物があるか、その他エゴが同一化することなら何でもそういうウソの対象になる。ところがなかには、自分が不充分だから「もっと」大きく見せなければならないというエゴの不安に駆り立てられて、常習的、強迫的にウソをつく人がいる。彼らが自分について語る物語は完全に幻想で、自分をもっと大きく特別な人間に見せるための虚構の大建造物なのだ。ときにはその壮大にふくらませたイメージで人をだますこともできるが、たいていは長続きしない。ほとんどの人にはたちまちまったくの虚構だとばれてしまう。

妄想型統合失調症、略して妄想症という病気は、基本的にはエゴの誇張された形だ。ふつうはつきまとう不安を理屈づけるために、心が虚構の物語をつくりあげる。たいていはある種《しゅ》の人々（それが多数に、あるいはほとんどすべての人になることもある）が自分を陥れようとたくらんでいるとか、自分を支配しようとしている、殺そうとしているという物語だ。そしてこういう物語の多くはそれなりに一貫性があって筋が通っているので、ときにはだまされて信じ込む人も出てくる。組織や国家全体の基盤にこういう妄想症的な信念体系が存在することもある。エゴの不安と他者への不信や相手の欠陥をあげつらうことに集中し、その欠陥を相手のアイデンティティと思い込んで、それによって他者の「他者性」を強調する傾向が進むと、他者は非人間的な怪物にされる。エゴには他者が必要なのだが、しかし深いところで他者を憎み恐れているというジレンマがある。ジャン-ポール・サルトルの「地獄とは他者だ」という言葉はエゴの叫びだ。この地獄をいちばん強烈に体験するのは妄想に苦しむ人たちだが、エゴのパターンが作用している人はすべて、程度の差はあっても同じことを感じるだろう。**あなたのなかのエゴが強ければ強いほど、人生でぶつかる問題は誰か他人のせいだと思うはずだ。それに、きっとまわりの人たちに生き難い思いをさせていることだろう。もちろんあなたはそれに気づけない。いつも苦しめられているのは自分なのだ。**

妄想症にはすべてのエゴにある要素が極端な形になった症状がもう一つある。自分が迫害されている、監視されている、脅かされていると思えば思うほど、患者は自分が宇宙の中心ですべては自分のまわりを回っていると考え、これほど多くの人々の関心の対象となる自分は特別な重要人物だと感じる。これほど多くの人に迫害される犠牲者だということで、自分が非常に特別な存在になるわけだ。その妄想体系の基本をなす物語のなかでは、当人は被害者であり、同時に世界を救い悪の軍隊を打ち負かすかもしれない力を秘めた英雄なのである。

部族や国家、宗教組織の集団的エゴも強烈な妄想的要素を有していることが多い。われわれ対邪悪な彼ら、という思い込みだ。この妄想が人類に多大の苦しみをもたらしてきた。異端者や「魔女」を裁判にかけて焼き殺したスペインの異端審問、第一次世界大戦と第二次世界大戦につながった国家間の関係、共産主義体制の歴史、「冷戦」、一九五〇年代のアメリカの「マッカーシズム」、中東で延々と続く武力紛争や人類史の苦痛に満ちたエピソードのすべてが極端な集団的妄想に支配されている。

個人や集団や国家が無意識であればあるほど、エゴの病理が物理的暴力という形をとる。暴力は原始的だが、エゴが自分を確認し、自分が正しくて相手が間違っていることを証明しようと試みる方法としていまでも広くはびこっている。無意識が強い人たちの場合には、議論は簡単に物理的暴力に発展する。議論とは何か？　二人以上の人が見解を表明し、その見解が異なるということだ。それぞれは自分の見解をつくりあげた思考に自分を同一化し、その思考が自己意識という衣をまとって精神のなかに凝り固まっている。言い換えれば、アイデンティティと思考がひとつに溶け合っている。こうなると、自分の見解（思考）を擁護しようとするとき、まさに自分自身を擁護しているように感じて、その通りに行動する。議論は無意識のうちに自己の存在をかけた闘いになるから、感情もその無意識の信念を反映する。そうなると人は荒れ狂う。動揺し、怒り、防戦し、攻撃する。どんな犠牲を払っても勝たなければならない、そうでなければ自分が滅びると思う。しかしこれは妄想だ。心や精神的な立場と自分自身が何者であるかとは何の関わりもないことを、エゴは知らない。エゴとは観察されていない精神だからである。

禅では「真理を求めるな。ただ思念を捨てよ」と言う。これはどういうことか？　心との同一化を捨てなさい、ということだ。そうすれば、心を超えたあなた自身が姿を現す。

## エゴがつきまとう仕事、つきまとわない仕事

多くの人はエゴから解放された瞬間を経験している。例外的に優れた仕事をしている人たちは、仕事をしているときに完全にあるいはほぼエゴから解放されている。当人はそうは思っていないかもしれないが、こういう人たちの仕事はスピリチュアルな修行になっている。そのほとんどは仕事をしているときには完全に「いまに在り」、私生活では比較的に無意識な状態に戻る。これは彼らの「いまに在る」ことが当面は人生のある領域に限られていることを意味している。

私は教師や芸術家、看護師、医師、科学者、ソーシャルワーカー、ウェイター、ヘアドレッサー、会社のオーナー、セールスマンなど、自分探しなどしないで、その瞬間瞬間に求められることに充分に応《こた》え、賞賛すべき仕事を成し遂げている人たちに会ってきた。彼らは仕事とひ

とつになり、「いま」とひとつになり、ともにいる人たちや遂行している業務とひとつになっている。このような人たちの影響は、それぞれの仕事を超えてもっと遠くまで広がる。彼らと出会う人たちもエゴが軽減されるからだ。こういう人たちとの関わりでは、重いエゴを抱えた人たちでさえ緊張を解いて防備を緩め、役割を演じるのをやめる。エゴに邪魔されずに仕事をする人が大成功するのも不思議ではない。**自分がしていることとひとつになれる人は、新しい地を築く。**

技術的には優秀なのに、いつもエゴが仕事を邪魔している人たちも大勢知っている。この人たちは関心の一部だけが仕事に向かっている。他の部分は自分自身に向けられているからだ。彼らのエゴは認められたがり、充分な承認が得られないと恨みがましくなって、エネルギーを無駄遣いする。しかも充分認められることなどあり得ない。「誰かが私より認められているのではないか?」。

あるいは利益や権力に関心が集中して、仕事が目的のための手段になっている。目的のための手段と化した仕事には、質の高さは望めない。こういう人たちは仕事で障害や困難にぶつかり、ものごとが予想どおりにならないと、または他人や状況が不利に働いて協力的でなくなると、新しい状況とひとつになって現在の要請に応えるのではなく、状況と対立し、自分をそこから引き離す。個人的にむかついたり恨みがましくなった「私」に、無駄な抵抗や怒りに多大のエネルギーが費やされる。ほんとうはそのエネルギーを問題解決に注げばいいのに、エゴが乱用してしまう。しかもこの「対抗」的なエネルギーは、新たな障害、新たな対立を生み出す。

**実は多くの人にとって最大の敵は自分自身なのだ。**

誰かが「私」より成功したり良い成績を上げたりするのがおもしろくなくて、その人たちを助けたり情報提供したりするのを拒むとき、あるいは他人の足を引っ張ろうとするとき、当人は知らず知らずのうちに自分自身の仕事を邪魔している。下心があるときは別として、エゴにとって協力は無縁なのだ。エゴは自分が他者を包み込めば包み込むほどものごとが円滑に流れるし、仕事がやりやすくなることを知らない。あなたが人を助けなかったり邪魔をしたりすると、(人々と環境という形をとる)宇宙はあなたを助けてはくれない。あなたが自分を全体から切り離したからだ。エゴが無意識のうちに抱え込む「まだ充分ではない」との思いが誰かの成功に反応し、その成功は「私」から奪われたものだと感じる。他人の成功を恨む気持ちが自分の成功のチャンスを狭めていることをエゴは知らない。成功を引き寄せるためには、誰の成功であっても歓迎するべきなのに。

## 病気とエゴ

病気はエゴを強くも弱くもする。不満を言ったり自己憐憫に耽《ふけ》ったり病気を恨んだりしていると、エゴは強くなる。「私はこれこれの病気に苦しむ患者だ」というわけだ。また病気を自分の観念的なアイデンティティの一部に取り込んでも、エゴは強まる。なるほど、あなたは患者なんですね、ということになる。いっぽう、ふつうの暮らしをしているときにはエゴが強かったのに、病気になると急に穏やかに優しく親切になる人たちがいる。そういう人たちは、ふつうに暮らしていたときにはなかった洞察を得られたのだろう。内面的な知力や充実感に触れて、智恵の言葉を語るようになるのだ。そして、病気が回復してエネルギーが戻ると、エゴも復活する。

病気のときはエネルギーレベルが非常に低いため、生体の知性が働き、残っているエネルギーは身体を癒《いや》すために使われる。だから精神のための、つまりエゴイスティックな思考や感情のためのエネルギーが不足する。エゴには相当量のエネルギーが必要だ。だが場合によっては、残ったわずかなエネルギーを依然としてエゴが使っていることがある。言うまでもないが、病気になったときにエゴが強くなる人たちは、病気の治癒に時間がかかる。なかには回復できずに病気が慢性化し、間違った自己意識のなかに恒久的に組み込まれてしまうこともある。

## 集団的なエゴ

**自分自身を生きるとは、なんと難しいことか！** エゴが不満足な自己から逃れる方法の一つは、集団に――国家や政党、会社、機関、党派、クラブ、徒党、フットボールチームなどに

――自分を同一化して、強く大きくなったつもりになることだ。

ときには報酬も名誉や栄達も求めず、集団の大きな目的のために生涯をささげ、個人的なエゴが完全に溶解したように見えることもある。個人的な自己というすさまじい重荷から解放されれば、さぞやせいせいするだろう。そういう集団のメンバーはどれほど仕事が大変でも、どれほどの犠牲を払っても、満ち足りて幸せだと感じる。彼らはエゴを超越しているように見える。問題は、ほんとうにエゴから解放されたのか、それともエゴが個人から集団にシフトしただけなのか、ということだ。

集団的なエゴには紛争や敵が必要で、もっともっとと要求し、相手が間違っていて自分が正しいと思わずにはいられないというように、個人的なエゴと同じ特徴を示す。集団が遅かれ早かれ別の集団と対立するのは、無意識に紛争を求めており、対立相手との関係で自分の境界を決定し、それによってアイデンティティを確認する必要に迫られるからだ。そうなると、集団のメンバーはエゴに突き動かされた行動に必ずつきまとう苦しみを体験する。そのときに目が覚めれば、自分たちの集団には激しい狂気の要素が潜んでいたことに気づくだろう。

自分が同一化し献身していた集団が実は狂気をはらんでいたと気がつくのは、最初はつらいかもしれない。そこでひねくれてシニカルになり、それ以降はすべての価値や重要性を否定する者も出てくる。だがそれは以前の信念体系が妄想だと判明して崩壊したあと、あわてて別の信念体系を採用しただけのことだ。そういう人たちは自らのエゴの死と直面せず、逃げ出して新たなエゴとして生まれ変わる。

　集団的なエゴはふつう、集団を形成する個人よりも無意識度が高い。たとえば（一時的なエゴ集団である）群集は、一人ならやらないような残虐行為を平気でやってのける。個人なら即座に精神病質と認定されるような行為を国家が実行することも珍しくはない。

　新しい意識が芽生えると、その啓《ひら》かれた意識を反映する集団をつくりたいと感じる人たちもいるだろう。その集団は集団的エゴではない。その集団を形成している個人には、もう集団を通じてアイデンティティを確認する必要はないから、自分たちを定義する形を求めようとは思わないだろう。たとえメンバーがまだ完全にはエゴから解放されていなくても、自分や他者のなかでエゴが頭をもたげればすぐに気づくくらいには目覚めているはずだ。それでも、つねに注意を怠らないでいる必要はある。エゴはあらゆる方法を使って自分を主張し支配しようと虎《こ》視眈々《したんたん》と狙《ねら》っている。

　啓かれた企業、慈善団体、学校、地域的コミュニティのいずれであろうとも、気づきの光のなかに引き出して人間のエゴを解体することがこうした集団の主たる目的になる。**啓かれた集団は新しい地を生み出す新しい意識を芽生えさせるために重要な役割を果たすだろう。**エゴイスティックな集団はあなたを無意識と苦しみに引きずり込むが、啓かれた集団は地球の変化を加速させる意識の旋風となる可能性がある。

## 不死の決定的な証拠

人間は心のなかで自分を「私（I）」と「対象としての私（me）」、あるいは「対象としての私（me）」と「私自身（myself）」という二つの部分に分けてしまうが、その裂け目からエゴが生じる。したがってパーソナリティの分裂ということから言えば、エゴはすべて統合失調症だ。

あなたは自分自身という観念的なイメージを抱き、それと関わりながら生きている。生命（人生）そのものも概念化され、「私の生命（my life）」というように、あなた自身とは別個のものとして捉えられている。「私の生命（my life）」と言ったり考えたりするとき、そして（単なる言葉の約束事としてではなく）その言葉を自分でも信じているとき、あなたは妄想の領域に入っている。「私の生命（my life）」というものがあるなら、私と生命とは別ものだということになるから、大切な宝物だと思っている生命を失うこともあり得る。したがって死が現実の脅威になる。言葉と概念が生命を、それ自体は何のリアリティもない二つの部分に分割してしまうのだ。だから「私の生命（my life）」という言い方こそ、分離分割という妄想のもとでのエゴの源泉だと言うことさえできる。私と生命が別個で、私は生命と別に存在するなら、私はすべてのもの、すべての存在、すべての人々とも別々だ。だが、私が生命と別に存在するなんてことがあるだろうか？　生命や「大いなる存在（Being）」と離れて、どんな「私」があり得るのか？　まったく不可能だ。だから、「私の生命（my life）」なんてものはないし、私が生命を所有しているのでもない。私が生命そのものなのだ。**私と生命はひとつである。**それ以外はあり得ない。それなら、どうして私が生命を失うことが可能だろう？　そもそも、もってもいないものをどうすれば失えるのか？　私は私であって、私の所有物ではない。私が私を失うことなど、まったく不可能だ。

第五章

# ペインボディ——私たちがひきずる過去の古い痛み

## エゴから解放される瞬間

ほとんどの人の思考の大半は自動的反復的で、意図したものではない。一種の精神的な雑音で、これといった目的はない。厳密に言えば、あなたが考えているのですらない。思考があなたに起こっているだけだ。「私は考える」と言えば意志的な行為を意味する。自分の意志を働かせることができ、選択することができることになる。だが、たいていの人の場合はそうではない。「私は考える」というのは、「私は消化する」「私は血液を循環させる」というのと同じで、文章として成り立っていない。消化「が」起こり、循環「が」起こり、思考「が」起こる。

頭のなかの声は勝手な生き物だ。ほとんどの人はその声に引きずり回されている。思考に、心に、取りつかれている。心は過去によって条件づけられているから、あなたは何度も繰り返して過去に反応し続けるしかない。東洋ではこれをカルマと呼ぶ。この頭のなかの声に自分を同一化しているときには、もちろんそれがわからない。わかればもう取りつかれてはいないわけだ。自分に取りついた相手を自分だと誤解し、それになりきっているのが取りつかれているということだから。

何千年かのあいだに人間はますます心に取りつかれるようになり、取りついた相手は「自己ではない」ことに気づかないできた。心に自分を完全に同一化することによって、間違った自己意識が——エゴが——現れ出る。エゴの強固さは、あなたが——意識が——心つまり思考と自分をどの程度同一化させているかで決まる。思考は意識つまりあなたという総体のごく小さな側面でしかない。

心への同一化の程度は人によって異なる。なかにはほんの短い時間にせよエゴから解放される瞬間があり、そのときに人生に生きる価値を与えてくれる安らぎや喜び、生命の躍動感を体験する人もいる。創造力や愛や共感が生まれるのもそういうときだ。だが、つねにエゴイスティックな状態に陥っている人たちもいる。そういう人たちは他者や周囲の世界だけではなく、自分自身からも疎外されている。そんな人たちを見ると、表情に緊張感があって、たぶんしかめっ面で、視線が宙に浮いていたり、やたらと何かを見つめていたりするかもしれない。関心のすべてが思考に吸い取られているので、実際には相手を見ていないし、相手の言葉を聞いてもいない。その人たちはどんな状況でも現在に生きていない。過去か未来に関心が集中している。もちろん過去も未来も彼らの心のなかに思考として存在するだけだ。さもなければ、人と向かいあっていてもほんとうの自分としてつきあうのではなく役割を演じている。たいていの人は自分自身から疎外されているし、なかにはそのふるまいや人間関係がほとんど誰にでも「ウソ臭い」とわかるほどの人たちもいる。ただし同じように疎外がひどくてウソ臭い人たちにはわからないが。

疎外とはどんな状況どんな場においても、自分自身に対してさえ、気持ちを楽にできないということだ。いつも「うち」に戻りたいと思うが、決して「うちにいるようにのんびり」できない。二十世紀の偉大な作家のなかにはフランツ・カフカ、アルベール・カミュ、T・S・エリオット、ジェームズ・ジョイスのように、この疎外こそが人間存在の普遍的なジレンマであると気づいた人たちがいる。たぶん、彼らは自分でも深い疎外感を覚えていて、だからこそそれを見事に作品に表現できたのだろう。だが、彼らは解決策を示していない。彼らの功績は、われわれにもはっきりとわかるように人間の窮状を映し出して見せたことだ。自分の窮状をはっきりと観察することは、それを乗り越える第一歩だからである。

## 感情の誕生

思考の流れに加えて、（もちろんそれと不可分な）もう一つのエゴの次元がある。感情だ。だからといって、すべての思考、すべての感情がエゴだというのではない。思考や感情がエゴになるのは、あなたが思考や感情に自分を完全に同一化したとき、つまり思考や感情が「私」になったときだ。

**すべての生命体と同じくあなたの身体にも有機体としての身体自身の知性がある。**その知性はあなたの心の言うことに反応し、あなたの思考に反応する。感情は心に対する身体の反応なのである。もちろん身体の知性は普遍的な知性と不可分であり、その無数の現れの一つだ。その知性は原子や分子を一時的に凝集させてあなたの肉体をつくりあげている。身体の各器官の働きの奥にある組織化原理であり、酸素と食物をエネルギーに変換し、心臓を鼓動させて血液を循環させ、免疫システムによって身体を侵入者から守り、五感からのインプットを神経の信号に変換して脳に送り、解析し、外界の現実と整合性のある内的イメージにまとめあげている。このような働きのすべて、それに同じような何千もの機能は、この知性によって完璧《かんぺき》に調整されている。あなたが自分の身体の営みを指図しているのではない。生命体の知性がそれをしている。さらにその知性は、環境に対する有機体の反応もつかさどっている。

これはどんな生命体でも同じだ。たとえばこの知性のおかげで、植物が物理的な形として芽を吹いて花を咲かせ、その花は朝になると花びらを開いて日光を浴び、夜になると閉じる。また、地球という複雑な生命体すなわちガイアとして現れているのもこの知性である。

この知性の働きで、有機体は脅威や挑戦にさらされると本能的に反応する。動物でも怒りや恐怖、喜びなどの人間感情に似た反応が起こる。このような本能的な反応は原初の形の感情と考えてもいい。ある種の状況では、人間も動物と同じように本能的な反応を経験する。危険に直面して有機体の生存が脅かされたとき、戦うか逃げるかという選択を迫られて呼吸が速くなる。原初的な恐怖だ。追い詰められれば、それまでは考えられなかったような大きなエネルギーがとつぜん身内に湧《わ》き起こる。原初的な怒りである。こういう本能的な反応は感情に似ているが、真の意味での感情ではない。本能的な反応と感情の基本的な違いはこういうことだ。本能的な反応は外的な状況への身体の直接的な反応であるのに対し、感情のほうは思考への身体の反応なのである。

感情も、間接的には実際の状況や出来事に対する反応であり得るが、それは精神的な解釈や思考というフィルター、つまり善悪や好悪《こうお》、「私に（me）」や「私のもの（mine）」という観念を通して見た状況や出来事への反応だ。たとえば誰かの車が盗まれたと聞いても何の感情も湧かないだろうが、それが「あなたの車」だったらたぶんあわてるだろう。「私の（my）」というささいな観念がどれほど大きな感情を生むか、まったく驚くしかない。

**身体はとても知的だが、実際の状況と思考との区別をつけられない。だからすべての思考にそれが事実であるかのように反応する。**ただの思考だとは気づかない。身体にとっては不安や恐れという思考は「私は危険だ」ということだから、その通りに反応する。たとえ温かくて快適なベッドに夜ぬくぬくと寝ていても、である。心臓はどきどきするし、筋肉は緊張するし、呼吸は速くなる。エネルギーが湧き出るが、危険というのは頭のなかの虚構にすぎないから、溜《た》まったエネルギーの捌《は》け口がない。その一部は心に還流して、さらに不安な思考を生み出す。残るエネルギーは調和のとれた身体機能に介入して有害に働く。

## 感情とエゴ

観察されていない心やあなた自身のふりをする頭のなかの声だけでなく、観察されていない感情（頭のなかの声に対する身体的反応）もエゴである。

これまでにエゴイスティックな声が終始どんなことを考えているか、また内容とは関係なく思考プロセスの構造にどんな本質的機能不全があるかを見てきた。この機能不全の思考に、身体はネガティブな感情で反応する。

**身体は頭のなかの声が語る物語を信じて反応する。この反応が感情である。**そして今度は感情が、感情を生み出した思考にエネルギーを供給する。これが観察も検討もされない思考と感情の悪循環で、感情的な思考と感情的な物語づくりにつながる。

エゴの感情的要素は人によって違いがあり、とくにその要素が大きいエゴもある。身体の感情的な反応のきっかけとなる思考がほんの一瞬のうちに起こり、心が語るより先に身体が感情で反応して行動になることもある。このような思考は言語以前の状態で、言葉にならない無意識の想定と呼んでもいい。その根源はその個人の過去、ふつうは子ども時代によって条件づけられている。たとえば、原初的な人間関係（親や兄弟姉妹との人間関係）によって支えられず、他者への信頼を築けなかった人には、「人は信用できない」という無意識の想定があるかもしれない。他によく見られるのは、「誰も私を評価し、感謝してくれない。闘わなければ生き延びられない。私は豊かになる価値がない。私は愛されなくてあたりまえだ」などという想定である。このような無意識の想定が身体のなかに感情を創《つく》り出し、それが心の活動や瞬間的な反応を呼び起こす。こうして個人の現実が生み出されていく。

エゴの声はつねに身体本来の安らかな状態を攪乱《かくらん》し続ける。ほとんど誰の身体も大きな重圧とストレスにさらされているが、これは外部的な要因に脅かされているからではなく、内側の心のせいだ。身体にはエゴが貼《は》りついているから、身体はエゴがつくり出す機能不全の思考パターンのすべてに反応する。こうして片時も途切れない強迫的な思考の流れにネガティブな感情が伴う。

ネガティブな感情とは何か？　身体に有害で、バランスのとれた安定した機能を邪魔する感情である。恐怖、不安、怒り、悪意、悲しみ、憎しみや憎悪、嫉妬《しっと》、羨望《せんぼう》——どれも身体を流れるエネルギーを攪乱し、心臓や免疫システム、消化、ホルモン生成などを妨げる。まだエゴの働きについてほとんど知らない主流派の西欧医学ですら、ネガティブな感情と身体的疾病のつながりに気づき始めている。身体を害する感情は当人だけでなく出会う人々にも伝染し、連鎖反応を通じて会ったこともない無数の人々に影響する。**このネガティブな感情をひっくるめて言い表す言葉がある。「不幸」だ。**

それならポジティブな感情は身体に良い効果を及ぼすのか？　免疫システムを活性化し、身体を癒《いや》して元気にするだろうか？　実はそのとおりなのだが、エゴが生み出すポジティブな感情と、「大いなる存在」とつながった本来の状態から生じるもっと深い感情とは区別しなければならない。

エゴが生み出すポジティブな感情のなかにはすでに反対物が含まれていて、瞬時にその反対物に変化する可能性がある。たとえばこんな具合だ。エゴが愛と呼ぶものには独占欲や依存的な執着が含まれているから、あっというまにそれらに変化しかねない。これからの出来事に対する期待は未来へのエゴの過大評価だから、その出来事が終わってしまったり、エゴの期待通りにならなければ、簡単にその反対物――落胆や失望――に変わる。賞賛や承認を受ければ、いっときは生きていてよかったという幸せな気分になるだろうが、批判や無視にぶつかるとすぐに拒否されたと暗い気持ちになる。楽しいどんちゃん騒ぎの翌朝は、荒涼とした気分と二日酔いに襲われる。悪のない善はないし、高く上れば必ず落ちる。

エゴが生み出す感情は、心が外部的な要因に自分を同一化させているから起こるのだし、もちろんその外部的な要因は不安定であてにならず、いつも変化をはらんでいる。これよりもっと深い感情は実は感情ではなく、「いまに在る」という状態だ。感情は二項対立の領域にある。「いまに在る」状態は覆い隠されることもあるが、そこには反対物はない。そして「いまに在る」状態は、愛や喜びや安らぎ（あなたの本質のさまざまな側面）として、あなたの内部から発している。

## カモに人間の心があったら

私の著書『さとりをひらくと人生はシンプルで楽になる』のなかで、二羽のカモの喧嘩《けんか》について書いた。カモの争いは決して長くは続かず、すぐに別れてそれぞれ別の方向に泳ぎ去る。それから二羽は何回か激しく羽ばたいて、喧嘩のあいだに積み上げられた余分のエネルギーを放出する。そのあとは羽をたたみ、何ごともなかったようにのんびりと水に浮かんでいる。

このカモに人間の心があったら、思考と物語づくりのせいで争いは長引くだろう。カモはたぶんこんな物語を創る。「あいつがあんなことをするなんて、まったく信じられない。あいつは私と五インチも離れていないところまで近づいてきた。この池を自分のものだとでも思っているのか。私のプライベートな場への配慮ってものがぜんぜんないじゃないか。あんなやつ、二度と信頼できないぞ。この次はどんな嫌がらせをするかわかったものじゃない。きっともう何かたくらんでいるんだろう。だが、こっちだって黙ってはいないからな。二度と忘れないくらい、ひどい目にあわせてやる」。こうして心はいつまでも物語を紡ぎ続け、何日も何か月も、それどころか何年も考え続けるだろう。身体にとって闘いはいつまでも続き、このような思考に反応するエネルギーとして感情が生まれ、その感情がまた思考の火に油を注ぐ。これがエゴの感情的な思考だ。カモに人間の心があったら、その暮らしがどれほど大変かおわかりだろう。ところが、おおかたの人間はいつもこんなふうに暮らしている。どんな状況も出来事も決して完全には終結しない。心と心が創った「私と私の物語（me and my story）」がいつまでも尾を引く。

**私たちは道に迷った種《しゅ》なのだ。**花も樹木も動物も自然はすべて、私たちのほうが立ち止まって見つめ、耳を澄ませば、大事なことを教えてくれる。カモが教えてくれるのはこういうことだ。ばたばたと羽ばたいて――つまり「物語を手放して」――唯一の力強い場へ、現在という瞬間へ戻りなさい。

## 過去にこだわる

人間がいかに過去を手放せないか、あるいは手放す気はないかを見事に示した禅僧の逸話がある。担山という禅僧が、友人の僧と一緒に豪雨のあとでひどくぬかるんだ田舎道を歩いていた。村の近くまで来ると、道を渡ろうとしている若い娘に出会ったが、水たまりが深くて着ている着物が汚れそうだった。担山はすぐに娘を抱き上げて水たまりを渡してやった。

そのあと二人の僧は黙々と歩き続けた。五時間ほどして、その夜の宿になる寺が見えてきたとき、友人がとうとう黙っていられなくなって口を切った。「あなたはどうしてあの娘を抱き上げて、道を渡してやったのか?」。彼はそう言った。「僧というものは、ああいうことをすべきではないと思うが」。

「私はもうとうに娘を下ろしたのに」と担山は答えた。「きみはまだ、抱いていたのかね?」。

この友人のように暮らし、状況を手放せず、また手放す意志をもたずに、心のなかにどんどん溜め込み積み重ねていたら、どんな人生になるか想像していただきたい。それがおおかたの人々の人生なのだ。彼らがこだわって心のなかに溜め込んでいる過去という荷物のなんと重いことか。

**過去の人生は記憶としてあなたのなかに生き続けるが、その記憶自体は問題ではない。それどころか記憶のおかげで過去から、そして過去の過ちから学ぶことができる。**記憶、つまり過去に関する思考にあなたが完全に支配され、それが重荷に変わったときに初めて記憶が問題となる。そしてあなたの自己意識の一部になる。過去に条件づけられた人格があなたの牢獄《ろうごく》となる。記憶が自己意識の衣をまとい、あなたの物語があなたの考える「私」になる。この「小さな私（little me）」は幻想で、時も形もない「いまに在る」状態というあなたの真のアイデンティティを覆い隠してしまう。

あなたの物語は頭のなかの記憶だけでなく感情的な記憶、すなわちありありと甦《よみがえ》る古い感情によっても構成されている。思考によって恨みをふくらませつつ、五時間もこの恨みという重荷を抱えていた禅僧のように、ほとんどの人は不必要に大量の精神的感情的荷物を一生抱えていく。彼らは不満や後悔や敵意や罪悪感で自分に小さな枠をはめてしまう。感情的な思考が自己になっているから、そのアイデンティティを強化するために古い感情にしがみつく。

**人間には古い記憶を長々とひきずる傾向があるから、ほとんどの人はエネルギーの場に古い感情的な苦痛の集積を抱えている。私はこれを「ペインボディ」と呼んでいる。**

だが、すでにもっているペインボディを大きくするのを避けることはできる。昨日あるいは三十年前に何が起こったにしろ、カモが羽ばたくように古い感情を溜め込む習慣を打破し、心のなかでいつまでも過去をひきずるのをやめることは可能だ。状況や出来事を心のなかにいつまでも生かしておいて心のなかの映画づくりを延々と続ける代わりに、つねに自分の関心を本来の状態、永遠のいまに引き戻すことを学べばいい。そうすれば、思考や感情ではなく「いまに在る」ことがアイデンティティになる。

**あなたが「いまに在る」ことを妨げる過去の出来事など何もない。**そして現在に在ることを妨げる力がないとしたら、過去にいったいどんな力があるというのか？

## 個人と集団

ネガティブな感情が湧いたときには、きちんと向き合ってその正体を確認しておかないと、その感情が解消されず、あとに痛みが残る。

とくに子どもはネガティブな感情があまりに強いとどうすることもできなくて、それを感じないようにする傾向がある。敏感なおとながそばにいて理解し、ネガティブな感情とまっすぐ向き合うように愛情と共感をもって指導してやればいいが、そうでない場合には、子どもにとっては感じないことが唯一の選択肢なのだ。

残念ながら、こういう子どものころの防衛メカニズムは成人後もひきずっていることが多い。

ネガティブな感情は認識されずに当人のなかに残り、不安や怒り、発作的な暴力、むら気、さらには肉体的な病気などの間接的な形で現れる。心理療法士ならたいてい経験しているように、完璧に幸せな子ども時代を送ったと患者が主張しても、あとになって実は話がまったく違っていたことがわかるケースがある。ここまでいくと極端だが、感情的な痛みを感じることなしに子ども時代を過ごした人間は誰もいない。両親がどちらも聡明《そうめい》であってもなお、人はだいたいは無意識の世界で育っていくものなのである。

きちんと向き合い、受け入れ、そして手放すという作業がなされなかったネガティブな感情は痛みを残す。その痛みが積み重なり、身体の全細胞で活動するエネルギー場《ば》をつくりあげる。このエネルギー場を形成するのは子ども時代の痛みだけではない。青年期や成人後のつらい感情も付加されていく。その大半はエゴの声が生み出したものだ。人生のベースに間違った自己意識があると、感情的な痛みという道連れは避けがたい。

**ほとんどすべての人がもっている古くからの、しかしいまも生き生きと息づいているこの感情のエネルギー場、それがペインボディである。**

しかしペインボディは非個人的な性格もあわせもっている。延々と続く部族間闘争や奴隷制、略奪、強姦《ごうかん》、拷問、その他の暴力に彩られた人類の歴史を通じて、数えきれない人々が体験してきた痛みもそこには含まれている。この痛みがいまも人類の集団的心理のなかで生きていて、日々積み重ねられていることは、夜のテレビニュースを見れば、あるいは人間関係で繰り広げられるドラマに目をやれば一目瞭然《りょうぜん》だ。まだ明らかになってはいないが、集団的なペインボディはたぶんすべての人間のＤＮＡにコード化されているのだろう。

この世界に生まれ出る新生児はみな、すでに感情的なペインボディをもっている。なかにはとくに重くて密なペインボディをもっている者もある。いつも幸せそうな赤ん坊もいるし、大きな不幸を抱えているように見える赤ん坊もいる。充分な愛情や関心を注がれていないためによく泣く赤ん坊がいるのは確かだが、とくにこれという理由もないのに、まるで周囲の人間を自分と同じように不幸にしてやりたいと思っているような赤ん坊もいる（たいていはその通りになる）。こういう赤ん坊は人類の苦痛の分け前をとくにたくさんもって生まれてくるのだ。母親や父親が放出するネガティブな感情を察知してよく泣く赤ん坊もいるだろう。親のネガティブな感情が赤ん坊に痛みを与え、親のペインボディのエネルギーを吸収して大きくなった赤ん坊のペインボディをさらに成長させるのだ。いずれにしても、赤ん坊が育つにしたがってペインボディも大きくなる。

軽いペインボディをもって生まれた子どもが、重いペインボディをもった子どもよりも霊的（スピリチュアル）に「進歩した」おとなになるとは限らない。それどころか、逆の場合のほうが多い。どちらかといえば重いペインボディをもった人たちのほうが、ペインボディが軽い人たちよりも霊的（スピリチュアル）な目覚めに達する可能性が大きい。もちろんなかには重いペインボディの罠《わな》に落ち込んだままの人たちもいるが、多くは自分の不幸にもう耐えられないという段階に達し、それが目覚めの強い動機になる。

なぜ苦しむキリストが、苦悶《くもん》に歪《ゆが》む顔と無数の傷口から血が吹き出ている身体が、人類の集団的な意識にとってかくも重要なイメージとなっているのか？（とくに中世に）おびただしい人々がキリストのイメージに深く動かされたのは、自分自身のなかに共鳴する何かがあったからで、彼らは無意識のうちにキリストに自分自身の内なる現実――ペインボディ――の表現を見ていたのだろう。この人々はまだ自分のなかの痛みを直接に認識できるほどは意識が進んでいなかったが、しかし気づきかけてはいたのだ。キリストは人間の原型であり、人間の苦痛と苦痛の超越の可能性を体現していると見ることができる。

## ペインボディはどのように糧を補充するか

ペインボディはほとんどの人間のなかに息づいている半自立的なエネルギー場で、感情からつくりあげられた生き物のようなものだ。このペインボディは狡猾《こうかつ》な動物のような原始的知性をもっていて、その知性を主に自らが生き残るために働かせる。すべての生命体と同じく、ペインボディもときおり糧《かて》を――新たなエネルギーを――取り入れなくてはならない。ペインボディが補充する糧とは、それ自身と同種のエネルギー、いわば同じ周波数で振動しているエネルギーだ。感情的につらい体験は、何でもペインボディの糧になる。だからこそ、ペインボディはネガティブな思考や人間関係の波乱によって肥え太る。ペインボディは不幸依存症なのだ。自分のなかにネガティブな感情と不幸を求める何者かがいると気づいたら、あなたはショックを受けるかもしれない。これは他人の場合のほうがわかりやすく、自分のなかにもそれがあると気づくためには進んだ意識が必要だ。一度不幸に支配されると、あなたは不幸を終わらせたくないと思うばかりでなく、まわりの人間も同じように惨めにして、彼らのネガティブな感情的反応という糧を吸収したいと思う。

ほとんどの人の場合、ペインボディが眠っている時期と活動している時期がある。ペインボディが眠っているときは、自分のなかに重い黒雲が（ペインボディのエネルギー場の種類によっては休火山が）あるのを簡単に忘れる。休眠期がどれくらい続くかは人によってまちまちだ。数週間というのがいちばん多いが、数日あるいは数か月かもしれない。何年も冬眠していたのが何かのきっかけで活動し始めることもある。

## ペインボディの糧となる思考

ペインボディは空腹になると、糧を補充するために目覚める。それに、いつなんどきでもなんらかの出来事が目覚めのきっかけになる可能性がある。ペインボディが糧を補充しようという態勢になっていれば、ほんのささいな出来事でも、誰かが言ったりしたりしたことや単なる思考でも活動開始のきっかけになる。一人で暮らしていたり、たまたままわりに誰もいなければ、ペインボディは当人の思考を糧にするだろう。ふいにあなたの思考はひどくネガティブになる。ネガティブな考えが流れ込む直前に、ある感情が――不安や激怒のような暗く重苦しい気分が――心に侵入していたことにはたぶん自分でも気づかない。

すべての思考はエネルギーで、ペインボディはあなたの思考というエネルギーを食らおうとするが、どんな思考でもいいわけではない。とくに敏感でなくても、ポジティブな思考とネガティブな思考とでは感覚的なトーンがまったく違うことがわかるだろう。どちらもエネルギーなのだが、周波数がまったく異なる。**幸せでポジティブな思考はペインボディの糧にはならない。ペインボディはネガティブな思考だけを消化する。それだけが自分のエネルギー場に一致した思考だからだ。**

物質はすべて、絶え間なく振動するエネルギー場である。あなたが座っている椅子《いす》も手にもっている本も固くて動かない物質に見えるが、それはあなたに感じ取れない周波数で振動しているからだ。物質は椅子も本も木も身体も、絶え間なく振動する分子、原子、電子、量子が創り出している。私たちが物質として知覚しているのは特定の幅の周波数のエネルギーの振動だ。思考も同じくエネルギーの振動だが、周波数が物質よりも高いので見ることも触れることもできない。思考には思考の周波数帯があり、ネガティブな思考は低いほうの、ポジティブな思考は高いほうの周波数で振動している。ペインボディの振動の周波数はネガティブな思考の周波数と共振している。だからネガティブな思考だけが糧になる。

思考が感情を生み出すというのがふつうのパターンだが、ペインボディの場合は、少なくとも最初は逆転している。ペインボディから発した感情があなたの思考を乗っ取る。心がペインボディに乗っ取られると、思考はネガティブになる。頭のなかの声はあなた自身やあなたの人生について、他の人々について、過去や未来について、あるいは想像上の出来事について、悲しくて不安な、あるいは怒りに満ちた物語を語り出す。その声は非難し、糾弾し、不満を言い、空想する。あなたはその声の語ることに自分を完全に同一化し、その歪んだ考えを何もかも信じる。この時点で不幸への依存症が根を下ろす。

ネガティブな思考の流れは止められないわけではないが、あなたは止めたいと思わない。ペインボディがあなたを通じて息づいていて、あなたのふりをしているからだ。ペインボディにとっては痛みが喜びなのだ。そしてあらゆるネガティブな思考をせっせと貪《むさぼ》る。それどころか、あなたの頭のなかのいつもの声がペインボディの声に変わる。内的な対話を乗っ取ってしまう。ペインボディとあなたの思考のあいだで悪循環ができあがる。あらゆる考えがペインボディの糧となり、いっぽうペインボディはさらに多くの思考を生み出す。こうして数時間あるいは数日でペインボディは糧の補充を終わり、また眠りにつく。あとに残されるのはへとへとになったあなたと、弱って病気にかかりやすくなった身体だ。それでは精神的な寄生体ではないかと思われるなら、あなたは正しい。その通りなのだから。

## ペインボディの糧となる波乱

まわりに誰か（パートナーや家族ならなおいい）がいると、ペインボディは人間関係に波乱を起こして糧にするために、その人たちを挑発しようと——スイッチを入れようと——する。ペインボディが親密な人間関係や家族を好むのは、多くの糧を摂取できるからだ。あなたを刺激して反応を起こさせようとする他人のペインボディに抵抗するのはとても難しい。相手は直感的にあなたのいちばん弱いところ、いちばん傷つきやすいところを知っている。しかも一度でうまくいかなければ何度でも挑発を繰り返す。それはさらなる感情を求める生の感情だ。相手のペインボディはあなたのペインボディを目覚めさせ、両方のペインボディがお互いにエネルギーを活性化しあうように仕向けたがる。

多くの人間関係では、間をおいて定期的に暴力的かつ破壊的なペインボディのエピソードがもちあがる。幼い子どもにとって両親のペインボディの感情的暴力を目にすることはほとんど耐え難いのに、世界中の何百万人という子どもがそういう悪夢を日常的に体験している。これも人類のペインボディが世代から世代へと引き継がれていく多くの道筋の一つだ。それぞれのエピソードのあと、パートナーは仲直りをして、エゴがゆるす限りという期限つきだが比較的平和な幕間がやってくる。

とくに男性だが、女性でもアルコールの飲みすぎはペインボディを目覚めさせやすい。酔っ払ってペインボディに乗っ取られると、性格が激変する。無意識の度合いが深く、ペインボディが他人への暴力から習慣的に糧を摂取している場合には、その暴力は妻や子どもに向かいやすい。そういう男性は酔いがさめると心から後悔し、もう二度と暴力を振るわないと言うかもしれない。当人は本気でそう考えているのだが、しかし後悔して約束する者と暴力を振るう者とはまったく別だ。だから当人が「いまに在る」ことができて、自分のなかのペインボディを認識し、そこから自分を引き離さない限り、暴力は必ず繰り返されるだろう。場合によってはカウンセリングを受けるのも役に立つ。

ほとんどのペインボディは暴力を振るいたがるし、痛みを受けたがるが、なかには圧倒的に加害者か被害者のどちらかになるものもある。どちらにしても感情的あるいは物理的な暴力を糧としていることに変わりはない。「恋に落ちた」つもりが、実は補完的な相手のペインボディにひかれあったというカップルもある。どちらが加害者でどちらが被害者の役をするか、初対面のときからはっきりしている場合もある。神の思《おぼ》し召しのような理想的な結婚と思われたものが実は地獄の結婚かもしれない。

ネコを飼ったことがおありなら、ネコは眠っているように見えても周囲の出来事を察知していることをご存じだろう。わずかな物音にもネコは耳を立て、目を細く開ける。休眠中のペインボディも同じだ。あるレベルではいつも目覚めていて、きっかけさえあればぱっと起き出そうとする。

親密な人間関係では、二人が一緒に暮らし始め、さらに残る人生をともに過ごすという契約書にサインするまで、ペインボディは賢く身を潜めていることが多い。あなたは夫や妻とだけ結婚するのではなく、相手のペインボディを——相手もあなたのペインボディを——含めて結婚する。一緒に暮らし始めて、あるいは新婚旅行から戻ってまもなく、パートナーの人格が完全に変化したことにとつぜん気づいたら、さぞやショックだろう。あるとき、妻は荒々しい声や甲高い声であなたを非難し、罵《ののし》り、喚《わめ》きたてる。それもたいていはほんのささいなことのためだ。まったくよそよそしくなることもある。「どうかした？」とあなたは聞く。「別に」と彼女は答える。だが彼女が発する敵意に満ちたエネルギーは、「何もかもまずいのよ」と告げている。目をのぞいても、もうそこに光は見られない。まるで重いベールに覆われたようで、あなたが知って愛した存在、かつてはエゴを突き抜けて輝き出ていた存在はまったく隠れてしまっている。見も知らぬ他人があなたを見返す。その目は憎悪と敵意と苦々しさと怒りを湛《たた》えている。彼女が話しかけるとき、語っているのは配偶者、パートナーではない。配偶者、パートナーを通してペインボディがしゃべっている。彼女の語る現実はペインボディ版のそれで、その現実は恐怖と敵意と怒りと、もっと苦しめたい、苦しみたいという欲望に完全に歪められている。

こうなるとあなたは、それがいままで見たことのないパートナーのほんとうの顔かと思い、この人を選んだのは恐ろしい間違いだったのではないかと考えるかもしれない。もちろん、それはほんとうの顔ではなく、一時的にその人を乗っ取ったペインボディにすぎない。ペインボディを抱えていないパートナーを見つけるのは難しいが、しかしペインボディがあまり重くない相手を選ぶほうが賢明というものだろう。

## 重いペインボディ

決して休眠しない重いペインボディをもっている人もいる。そういう人たちもふつうに微笑《ほほえ》んだり礼儀正しい会話をしているかもしれないが、一皮むけば不幸な感情の塊がふつふつとたぎっていて、ことあるごとに反応しよう、誰かと対決したり非難したりしよう、何か不幸なことを見つけようとしていることは、超能力者でなくても感じ取れる。彼らのペインボディは、いつも飢えていて飽き足りるということがない。そのために敵を必要とするエゴの性格がさらに激しくなる。

彼らが他人を刺激して自分のドラマに巻き込むと、このペインボディの反応のために、比較的ささいなことから不相応な大爆発が起こる。組織や個人を相手に無意味な闘争や訴訟を際限なく続ける人がいる。元配偶者やパートナーに偏執的な憎悪を抱いて、他のことが目に入らなくなる者もある。こういう人たちは自分が抱えている痛みを自覚しておらず、自分の反応を通じてその痛みを出来事や状況に投影する。自覚がまったくないので、出来事と出来事に対する自分の反応を区別できない。彼らにとっては不幸や痛みそのものさえも、出来事や状況のなかに存在している。自分の状態に気づいていないから、自分が大変不幸だとも苦しんでいるとも思っていない。

こういう重いペインボディの持ち主がなんらかの理想を掲げた運動家になることがある。理想は確かに立派だろうし、最初は運動も効果を上げるかもしれない。だが彼らの言動に流れるネガティブなエネルギーと、敵や紛争を必要とする無意識のせいで、反発する者が増えていく。彼らの運動はふつうは自らの組織のなかに敵を生み出して終わる。この人たちはどこに行っても不愉快の種を見つけ出すからで、それによってペインボディは求めるものを得ることができるのだ。

## 娯楽、メディアとペインボディ

あなたが現代文明に無縁だとしたら、別の時代、別の星からやってきたとしたら、まず驚くことの一つが、何百万人もの人々がわざわざお金を払って人が殺しあい苦しめあうのを眺めて喜び、それを「娯楽」と呼んでいることだろう。

どうして暴力的な映画がこれほど観客を集めるのか？　暴力映画は一つの産業を形成していて、その大半は人間の不幸依存症を煽《あお》っている。人々がそういう映画を見るのは、嫌な気分になりたいからだろう。人間はなぜ嫌な気分になるのが好きで、それが良いと思うのか？　もちろんペインボディのせいだ。娯楽産業の大部分はペインボディにサービスしている。つまり出来事への反応、ネガティブな思考、個人的なドラマに加えて、映画やテレビを通した追体験によっても、ペインボディは糧を補充している。そういう映画の脚本を書くのも、映画を製作するのも、お金を払ってその映画を見るのもペインボディである。

それではテレビや映画で暴力を表現し、その作品を鑑賞するのはつねに「いけない」ことなのか？　すべての暴力表現がペインボディへのサービスなのだろうか？

人類のいまの進化の段階では、暴力は依然としてはびこっているどころか増大している。古いエゴイスティックな意識が不可避的な終焉《しゅうえん》を迎えるより前に、集団的なペインボディによって増幅され強化されているのだ。映画が暴力を大きな全体像のなかで表現するなら、その原因と結果を明らかにし、そのために加害者も被害者もどのような目にあうかを示し、その奥にあって世代から世代へと受け継がれていく集団的無意識を（人間のなかでペインボディとして息づいている怒りと憎悪を）暴露してみせるなら、その映画は人類の目覚めに重要な役割を果たす可能性がある。人類が自分の狂気を映して見る鏡になるだろう。（それが自分自身のものであっても）狂気を狂気と認識するのは正気だし、目覚めだし、狂気の終わりだからである。

そのような映画は存在するし、ペインボディの火に油を注ぐこともない。優れた反戦映画のなかには、戦争を美化するのではなく、その実態を教えてくれるものがある。ペインボディが糧とするのは暴力をふつうのこととして、それどころか好ましい人間行動として描いたり、観客のネガティブな感情を刺激するだけの目的で暴力を美化し、痛み依存症のペインボディのための「装置」となる映画なのである。

また一般大衆紙はニュースを売るよりもネガティブな感情を――ペインボディの糧を――売ることを主眼としている。「激怒」だの「ろくでなし」だのという言葉が大活字で躍る。とくに目立つのは英国の大衆紙だ。ニュースを載せるよりもネガティブな感情を煽るほうがはるかに新聞が売れることを、関係者はよく知っている。

テレビを含め、マスコミ全体にネガティブなニュースを取り上げたがる傾向がある。事態が悪化すればするほどアナウンサーや司会者は興奮するし、マスコミ自らネガティブな興奮を煽ることも多い。ペインボディはその手のことが大好きなのだ。

## 女性の集団的ペインボディ

ペインボディの集団的側面には違った系統もある。民族、国家、人種、どれも独自の集団的なペインボディをもっていて、なかには比較的重いものもあり、**それぞれの民族、国家、人種のメンバーのほとんどは多かれ少なかれ、そのペインボディを分かち合っている。**

また、ほぼすべての女性が集団的ペインボディを分かちもっていて、とくに生理の直前期になると活性化する傾向がある。そのときには多くの女性が激しいネガティブな感情に押し流されるように感じる。

とくにここ二千年の女性原理の抑圧によって、エゴは人類の集団的心理のなかで圧倒的な優位を獲得した。もちろん女性にもエゴはあるが、どちらかといえば男性のほうがエゴは深く根を下ろし、簡単に成長する。女性は男性よりも精神に自分を同一化する度合いが低いためだ。女性は男性に比べてインナーボディや直感的能力の発生源である生体の知性とよく触れ合っている。女性は男性ほど強固な殻に包まれていないので、よりオープンで、他の生命の形に敏感で、自然界と調和している。

地球上の男性エネルギーと女性エネルギーの均衡が崩れていなかったら、エゴの成長はもっと大幅に抑制されていただろう。私たちは自然に闘いを挑むこともなく、自分という「大いなる存在（Ｂｅｉｎｇ）」からこれほど完全に疎外されもしなかったのではないか。

記録がないので正確な数字はわからないが、ローマカトリック教会の「異端審問」によって三百年間に三百万人から五百万人の女性が拷問され殺害されたのはほぼ確かだ。これは間違いなく人類史でホロコーストと並ぶ突出した暗黒の章の一つである。女性たちはただ動物をかわいがったり、一人で野原や森を歩いたり、薬草を集めただけで、魔女の烙印《らくいん》を押され、拷問にかけられて火あぶりにされた。聖なる女性性は悪魔的だと宣告され、人類の経験からこの側面がほぼかき消された。これほど暴力的ではないにしろ、その他の文明や宗教にも（ユダヤ教やイスラム教、仏教にさえも）女性的側面を抑圧してきた経緯がある。女性の地位は子を産む道具、男性の所有物にまで貶《おとし》められた。自分自身のなかの女性性さえも否定した男性が世界を支配し、世界は完全にバランスを崩した。そのあとのことは人類の歴史（というよりも狂気の症例と言うべきか）が示している。

集団的な妄想としか言いようのないこの女性恐怖の責任は誰にあるのか？　もちろん、男性だろう。それではなぜシュメール、エジプト、ケルトなどのキリスト教以前の古代文明の多くで女性が敬われ、女性原理が恐れられるどころか尊重されたのか？　とつぜん女性性に脅かされると男性に感じさせたのは何か？　男性のなかで発展したエゴだ。エゴは男性という形を通じてのみ、この地球を支配できると知っていたし、そのためには女性を無力化しなければならなかった。

時がたつにつれ、エゴは大半の女性をも支配していったが、その支配は男性の場合ほど確固としたものにはならなかった。

現在私たちは女性性の抑圧が内部化された時代に生きている。多くの女性もその例外ではない。抑圧された聖なる女性性を、多くの女性は感情的な痛みとして感じている。それどころかその痛みは、女性が出産、強姦、奴隷化、拷問、暴力的な死を通じて何千年も積み上げてきた痛みとともに女性たちのペインボディの一部となっている。

だが、いま状況は急激に変化しつつある。**意識の目覚めを経験する人が増えて、エゴは人類**

**の心に対する支配力を失おうとしている。**女性の場合、エゴはさほど深く根づいていなかったから、男性よりも女性に対するエゴの支配力のほうが先に緩み出している。

## 国家や人種とペインボディ

とくに多くの集団的暴力を経験してきた国々は、集団的ペインボディが他国よりも重い。だから歴史の古い国のほうが強力なペインボディをもっている。カナダやオーストラリアのような若い国々や、周辺の狂気から比較的隔離されてきたスイスなどのような国では、集団的ペインボディはまだ軽い。もちろんこのような国でも、人々には取り組むべき個人的なペインボディがある。鋭敏な感覚の持ち主なら、ある種の国々で飛行機から降り立ったとたんに重いエネルギー場を感じるだろう。また日常的な暮らしのすぐ下に潜在的な暴力のエネルギー場を感じる国々もある。たとえば中東などでは集団的ペインボディがあまりに強力なので、人口の相当部分がそれを暴力と報復という狂気の際限のない悪循環として行動化せずにはいられず、その悪循環のなかでペインボディは引き続き肥え太っていく。

ペインボディは重いけれども、もうそれほど激しくはない国々では、人々は集団的感情的な痛みの感覚を鈍らせようとする傾向がある。ドイツや日本では仕事によって、また別の国々ではアルコールへの寛容さによって（あまり大量に摂取するとアルコールがペインボディを刺激して逆効果になるが）痛みを和らげようとしている。中国の重いペインボディは太極拳の広がりによってある程度までなだめられているようで、何であれ支配が及ばないことには脅威を感じて法律で禁止する共産党政府も、驚いたことに太極拳だけは禁止していない。毎日、街路や公園で何百万人もの人たちがこの身体を動かす瞑想《めいそう》で心を鎮めている。これは集団的エネルギーの場にかなり影響を及ぼし、思考を減らして「いまに在る」感覚を生み出し、ペインボディを緩和するのに役立っているはずだ。

太極拳、気功、ヨガなどの身体を使ったスピリチュアルな実践は、西欧世界でも広まっている。このような実践は身体とスピリット（霊）を分離させないから、ペインボディを弱めるのに役立つ。グローバルな目覚めに重要な役割を果たすだろう。

集団的な人種的ペインボディは、とくに何世紀も迫害されてきたユダヤ人に顕著だ。また当然ながら、ヨーロッパ人植民者によって大量に殺害されて文化を破壊されたアメリカ先住民にも強い。アメリカの黒人も集団的ペインボディの激しさが目立つ。彼らの祖先は暴力的に故郷を追われ、暴力で屈服させられて奴隷として売られた。アメリカの経済的繁栄の基盤は、四百万人から五百万人の黒人奴隷の労働によって築かれている。さらにアメリカ先住民や黒人の苦しみはこの二つの人種に留《とど》まらず、アメリカ人の集団的なペインボディの一部となっている。暴力や抑圧や残虐な行動の結果は、つねに被害者と加害者の両方に及ぶ。他人にすることは自分自身にすることなのだ。

あなたのペインボディのどれくらいが国家や人種のそれであって、どれくらいが個人的なものかは、実はどうでもいい。どっちにしてもいまの自分の内なる状態に自分で責任を取らなければ、それを乗り越えることはできない。他を非難して当然の状況であっても、他を非難している限り、自分の思考によってペインボディに糧を与えることになり、エゴの罠から逃れられない。

**この地上での悪行の犯人はたった一人しかない。人類の無意識だ。そこに気づくことこそが真のゆるしである。**ゆるしによって被害者というアイデンティティは消え、真の力が生まれる。「いまに在る」という力だ。闇《やみ》を非難するよりも、光をもたらすべきなのである。

# 第六章

# 「いまに在る」という意識が私たちを解放する

## 認識すること

**ペインボディからの解放は、まず自分がペインボディを「もっている」と認識することから始まる。それからもっと重要なのは、しっかりと「いまに在る」能力と観察力だ。**いまの自分をきちんと観察し、ペインボディが活性化したときに重苦しいネガティブな感情が流れ込んだら、それがペインボディだ、と気づくこと。認識できれば、相手はもうあなたのふりをして暮らし、糧《かて》を吸い上げて大きくなることはできない。

**ペインボディへの同一化を断ち切るのは、「いまに在る」という意識だ。**あなたが自分を同一化しなければ、ペインボディはもうあなたの思考を支配できず、あなたの思考を糧にして育つことはできない。ほとんどのペインボディはすぐには消えないが、あなたが思考とペインボディのつながりを断ち切ればエネルギーを失う。あなたの思考はもう感情に曇らされることはない。現在の感覚が過去によって歪《ゆが》められることもなくなる。するとペインボディに閉じ込められていたエネルギーの周波数が変化し、「いまに在る」意識へと形を変える。こうしてペインボディは意識の糧となる。だからこそ、地球上の最も賢明な男女の多くは、かつて重いペインボディを抱えていた。

あなたが何を言い、どんな行動をし、どんな顔を世界に見せていようとも、あなたの心と感情の状態は隠せない。人間は誰でも心の状態に対応したエネルギー場《ば》を放射している。そしてほとんどの人が潜在的にではあっても、相手が放射しているエネルギーを感じ取る。言ってみれば知らず知らずに感じているのだが、相手をどう思い、どう反応するかはそれによって大きく左右される。初対面のとき、言葉を交わす前にいちばんはっきりと感じ取る人もいる。しかしその後は言葉が関係を支配し、言葉とともに人々が演じる役割が決まることが多い。すると関心は精神の領域に移り、相手のエネルギー場を感じ取る能力はしぼんでしまう。とはいえ、無意識のレベルでは感じ続けているのだが。

ペインボディは無意識のうちにさらなる痛みを求める、つまり何か悪いことが起こらないかと待ち構えているとわかると、ペインボディが活性化したドライバーによって多くの交通事故が引き起こされていることも納得できるだろう。ペインボディが活性化したドライバー同士が交差点で出会うと、事故が起こる可能性は通常の何倍にも上昇する。両者とも無意識のうちに事故が起こることを望むからだ。交通事故にペインボディが果たしている役割は、「渋滞中のいらいら、切れるドライバー」という言葉にはっきりと表れている。こういうときドライバーは、先行する車のスピードが遅いというささいなことで暴力的になる。

暴力行為の実行者の多くは、一時的に凶暴になった「ふつうの」人々だ。世界中の裁判所で、弁護人が「被告人はまったく、こういうことをするような人間ではなかった」と主張し、被告人が「自分でもどうしてこんなことをしたのかわからない」と述べている。私の知る限りではまだ、「本件の被告人は心神耗弱《こうじゃく》の状態にありました。被告人のペインボディが活性化したのであって、当人は自分が何をしているかわからなかったのであります。それどころか、犯人は被告人ですらありません。彼のペインボディであります」という弁論をした弁護人はいないが、そのうち出てくるかもしれない。

それではペインボディに支配されたときの行為に、当人は責任がないのだろうか？　だって、責任の取りようがないではないか。無意識のあいだの出来事、自分で何をしているかわからなかったときの行為に責任が取れるだろうか？　だがもっと大きく考えれば、人間は意識的な存在へと進化するようにつくられているのだし、進化しない人間は当然、自分の無意識の結果に苦しむ。そういう人たちは宇宙の進化という動きから外れているのだ。

ところがこの見方も部分的に当たっているだけだ。もっと高い視点からすれば、宇宙の進化から外れたままでいることなどあり得ないし、人間の無意識とそれが生み出す苦しみも進化の一部なのである。際限のない苦しみの循環にもはや耐えられなくなると、人は目覚める。だから大きく考えれば、ペインボディにもそれなりの存在価値がある。

## 「いまに在る」こと

三十代の女性が私に会いに来た。初対面の挨拶《あいさつ》で早くも、彼女の表面的な微笑《ほほえ》みと礼儀正しさの奥にある苦痛が伝わってきた。話し始めるとたちまち微笑は消え、苦しげな表情が現れた。

さらに彼女はこらえきれずに泣き出した。ひどく孤独で満たされない思いでいっぱいなのだと言う。それに怒りや悲しみも激しかった。彼女は子ども時代に暴力的な父親に虐待されていた。私はすぐに、彼女の苦痛が現在の生活環境から生じているのではなく、驚くほど重苦しいペインボディのせいだと気づいた。彼女はそのペインボディというフィルターを通して人生を見ていた。だが感情的な苦痛と思考とのつながりも、その苦痛と思考に完全に自分を同一化していることもわかっていなかった。自分の思考でペインボディを養っていることを知らなかった。言い換えれば彼女はひどく不幸な自分という重荷を背負って生きていた。だが自分の苦しみは自分自身から発している、自分の重荷は自分自身だと、どこかで気づいていたに違いない。目覚めの用意はできていた。だから私のもとへ来たのだ。

私は、身体のなかで何を感じているかを見つめてごらんなさい、不幸な思考、不幸な人生の物語というフィルターを通さずに、直接に思いを感じてごらんなさい、と勧めた。自分は不幸から脱出する方法を教えてもらいに来たので、不幸に沈没するために来たのじゃない、と彼女は言い返したが、とにかくやってみると答えた。やがて涙があふれて、身体が震え出した。「それが、あなたのいまの思いです」と私は言った。「それがいまのあなたの思いだという事実は、どうすることもできません。では、こんなのは嫌だ、そうじゃない状態になりたい、と考えるのをやめて（そんなことを考えても、すでにある苦しみにさらに苦しみが重なるだけですからね）、いまの思いを完全に受け入れることはできますか?」。

彼女はしばらく黙っていたが、ふいに顔を上げ、そのまま立ち上がって帰りそうなそぶりで荒々しく言った。「いいえ、受け入れることなんかできません」。「そう言っているのは誰ですか?」。私は問い返した。「あなたでしょうか、それともあなたのなかの不幸でしょうか?不幸な自分を思って不幸になる、それがまた不幸を積み重ねているのがわかりますか?」。彼女はまた沈黙した。「何かをしなさい、と言っているのではないんですよ。ただ、現にある思いを認めることはできますか、と言っているだけなのです。奇妙に聞こえるかもしれませんが、言い換えれば、こういうことです。あなたが自分の不幸を気にしなくなったら、その不幸はどうなるでしょうね? やってみてはどうですか?」。

一瞬きょとんとしていた彼女は、しばらく口を開かなかった。私はふいに彼女のエネルギー場が変化したのを感じた。「おかしいですね。私はいまも不幸ですが、でもその不幸のまわりにスペースができたみたいです。前ほど重大に思えなくなりました」。不幸のまわりにスペースができた、こういう表現を聞いたのは初めてだった。もちろんそのスペースは、いまこの瞬間に経験していることを全面的に受け入れたときに生じる。

それ以上はあまり言葉をかけず、彼女がいまを経験するのに任せておいた。やがて彼女は、自分のなかに生きている古い苦痛の感情に自分を同一化するのをやめたとき、そしてそれに抵抗せずにただ見つめたとき、それはもう彼女の思考の支配者ではなくなり、心のなかでつくりあげた「不幸な私」という物語の一部でもなくなる、と気づいた。彼女の人生に過去を乗り越えた新しい側面が――「いまに在る」という側面が――現れたのである。不幸な物語がなければ不幸ではいられないから、これで彼女の不幸は終わった。それは彼女のペインボディの終わりの始まりでもあった。感情そのものは別に不幸ではない。感情に不幸の物語がくっついたときにだけ、不幸になる。

セッションが終わったとき、私はある人物の「いまに在る」意識の目覚めを見届けたと満足だった。私たちが人として生まれたのは意識のこの側面を世界にもたらすためだ。それにペインボディと闘わず、意識の明かりで照らすことで、ペインボディが縮むのを見ることもできた。

その女性が去って数分後、届け物があって友人がやってきた。彼女は部屋に入るやいなや言った。「何があったの？　すごく重くて陰気などんよりしたエネルギーを感じるわ。気分が悪くなりそう。窓を開けて、香を焚《た》いたほうがいいわよ」。私はいましがたここで、ある人がとても重いペインボディからの解放を経験したのだと説明し、あなたはたぶんそのセッションのときに放出されたエネルギーを感じたのだろうと答えた。だが友人はそれ以上話を聞いているのも嫌だと、早々に立ち去った。

私は窓を開けたまま、近くの小さなインド料理店に食事に出かけた。そこで起こったことは、私がすでに知っていたことをさらに裏づける結果になった。個人個人のものであるように見えるペインボディも、あるレベルではすべてつながっているということだ。しかしそれがそのように具体的な形で確認されたのにはびっくりした。

# ペインボディの逆襲

私はテーブルについて料理を注文した。他にも何人か客がいた。近くのテーブルに車椅子《くるまいす》の中年男性がいて、ちょうど食事を終えたところだった。彼は私のほうをちらりと、しかし鋭い目で見た。数分が経過した。ふいにその男性はいらいらと落ち着かなくなり、身体をもそもそ動かし始めた。ウェイターが皿を下げにやってきた。すると男性は文句を言い始めた。「なんてまずい料理なんだ。まったく、ひどいものだ」。「それじゃ、どうして召し上がったんです？」。ウェイターが言い返した。すると男性はかっとなって罵《のの》り出した。口汚い言葉が次々に飛び出す。激しい憎悪がレストランに充満した。エネルギーが獲物を探して身体の細胞の一つ一つに染み込んでいくのがわかるようだった。男性は他の客にまで八つ当たりし始めたが、「いまに在る」意識を働かせながら座っている私のことはなぜか無視した。私は人間の普遍的なペインボディが戻ってきて、こう言っているような気がした。「お前は私を打ち負かしたつもりだろうが、ほら見るがいい、私はちゃんとここにいるぞ」。それに、さっきのセッションのあとに残されたエネルギー場が私と一緒にレストランまでやってきて、周波数が一致する誰かに、つまり重いペインボディをもった者に取りついたのかもしれない、とも思った。

マネージャーがドアを開け、「とにかく、おひきとりください」と男性に言った。男性は電動車椅子で出ていき、あとには啞然《あぜん》とした客や従業員が残された。だが一分もしないうちに男性は戻ってきた。ペインボディはまだ満足していなかったのだ。もっと糧を求めていた。男性は車椅子でドアを押し開け、口汚く叫んだ。ウェイトレスが彼を押し留《とど》めようとすると、ぐいぐいと彼女を押していって壁際に追い詰めた。客たちがあわてて飛んでいき、車椅子を引き離そうとした。悲鳴やら怒号やらで、あたりは騒然となった。まもなく警官が到着した。男性はおとなしくなり、さっさと出て行って戻ってくるなと言い渡された。幸いウェイトレスは足に痣《あざ》ができただけで、怪我《けが》はなかった。

事態が収まったとき、マネージャーが私のテーブルにやってきて、半ば冗談めかし、だが直感的に事件とのつながりを感じたように、こう言った。「あなたが仕掛けたんですか?」。

## 子どものペインボディ

子どものペインボディは、気まぐれや内向状態として現れることがある。子どもはふくれてそっぽを向き、人形を抱いて隅に座り込んだり、親指を吸ったりする。発作的に泣き出したり、癇癪《かんしやく》を起こすこともある。きいきい泣きわめき、床に転がり、暴れるかもしれない。欲望が拒否されることは簡単にペインボディの引き金になるし、発達中のエゴでは欲望の力はとくに強くなりがちだ。さっきまでは天使のようだった子どもが数秒後に小さな怪物に変身すれば、親たちは信じられない思いでなすすべもなく見守るしかないだろう。「こんな不幸がいったいどこからやってくるのか」と、不思議に思うかもしれない。それは多かれ少なかれ子どもが分かちもった人類の集団的ペインボディの一部で、その集団的ペインボディは人類のエゴから発している。

同時に子どもはすでに親のペインボディから痛みを受け取っているのかもしれず、そうなら親は子どもに自分のペインボディの反映を見ていることになる。とくに敏感な子どもは親のペインボディの影響を受けやすい。親の感情のドラマを目の当たりにするのはほとんど耐え難い苦痛で、そういう敏感な子どもは成長後、重いペインボディを抱える。親が自分たちのペインボディを隠そうとして、「子どもの前では喧嘩《けんか》はやめましょう」と言いあったとしても、子どもはだませない。親が礼儀正しく言葉を交わしていても、家庭にはネガティブなエネルギーがたちこめる。抑圧されたペインボディはとりわけ有害で、おおっぴらに行動化されるよりももっと毒性が強く、その心理的な毒は子どもに吸収されて、子どものペインボディの糧になる。

子どもによっては、非常に無意識な親と暮らしているうちに、潜在的にエゴとペインボディについて学び取ることがある。両親ともにエゴが強くて重いペインボディをもっていたある女性は私に、親を愛してはいたが、親が怒鳴りあっているようすを見てよく「この人たち、頭がどうかしている。私はどうしてこんなところにいるんだろう?」と考えたと語った。彼女は子ども心に、こんな生き方は間違っていると気づいていた。その気づきのおかげで、親から吸収する苦痛は少なくてすんだのだ。

親は子どものペインボディをどうしていいかわからないことが多い。もちろん最大の問題は、自分自身のペインボディにどう対応しているか、ということだ。**自分自身のペインボディが活性化したときには感情レベルで、つまりそれが思考に入り込んで「不幸な私」をつくり出す前に、気づくことができるか？　充分に「いまに在る」ことができ、ペインボディを認識しているか？**

子どもがペインボディの襲撃を受けているあいだは、こちらが「いまに在って」、感情的な反応に引きずり込まれないようにする以外、できることはあまりない。こちらが反応すれば、子どものペインボディの糧になるだけだ。ペインボディのぶつかりあいは極端にドラマチックになり得る。だからドラマに巻き込まれてはいけない。あまり深刻に受け取らないこと。欲求が満たされないことがペインボディの引き金になった場合には、要求に負けてはいけない。そうしないと子どもは、「自分が不幸になればなるほど、欲しいものが手に入る」ことを学習する。これはのちの人生の機能不全につながる。あなたが反応しないと、子どものペインボディは苛立《いらだ》ち、しばらくはさらに激化するかもしれないが、やがては収まる。幸い子どものペインボディの発作はおとなよりも短いのがふつうだ。

ペインボディの活動が収まってから、あるいは翌日にでも、子どもと話しあってみよう。だが、子どもにペインボディについて話してはいけない。代わりにこんなふうに聞いてみよう。「昨日、あんなに泣きわめいたのはどうしてだろうね？　覚えているかい？　どんな気持ちだった？　きみに取りついたのはいったい何なんだろうね、名前があるのかな？　ないの？　あるとしたら、どんな名前だと思う？　姿が見えるとしたら、どんな姿をしているだろうね？　そいつはどこかへ行ったあとは、どうなるんだろう？　寝てしまうのかな？　そいつはまた来ると思う？」。

この問い方はほんの一例にすぎないが、どの質問も子どもの観察力を目覚めさせることを意図している。観察力、つまり「いまに在る」力である。この力があると、子どもがペインボディから自分を引き離すのに役立つ。それに子どもにわかる言葉であなた自身のペインボディについて話しておくのもいいかもしれない。次に子どもがペインボディに引きずり回されたときには、「ほら、あいつが戻ってきたね。そうだろう？」と言おう。子どもが使った言葉を使えばいい。それをどんなふうに感じているかに、子どもの関心を向けさせる。そのときは批判したり非難したりしてはいけない。興味と関心を抱いて聞いていることを伝えよう。

たぶんこれではペインボディの進撃を食い止めるまでにはいかないだろうし、子どもはあなたの言葉を聞いていないように見えるかもしれない。しかしペインボディの活動の真っ最中でも、子どもは意識のどこかで目覚めているはずだ。こういうことが何度か繰り返されるうちに、その目覚めは強くなっていき、ペインボディは弱くなっていく。子どもの「いまに在る」力が育つ。そのうち、ほらペインボディに負けているよ、と逆にあなたが子どもに指摘される日が来るかもしれない。

# 不幸

不幸のすべてがペインボディから発しているわけではない。新しい不幸、あなたが現在という時とずれてしまい、いろいろな意味で「いま」を否定したために生まれる不幸もある。いまという時はすでに厳然としてあって、避けようがないことがわかれば、無条件の「イエス」を言うことができるし、よけいな不幸を生み出すこともない。それどころか内なる抵抗が消えれば、あなたは「生命（人生）」そのものによって力を与えられていることに気づくだろう。

ペインボディの不幸はつねに原因と結果が不均衡で、言うならば過剰反応だ。だからすぐにそれとわかるのだが、ペインボディに取りつかれている当人にはなかなかわからない。重いペインボディを抱えている人はすぐに動揺し、怒り、傷つき、悲しみ、不安に陥る。他の人なら苦笑してやり過ごすような、それどころか気づきさえもしないささいなことで、不幸のどん底に落ちたりする。もちろん、その出来事は不幸の真の原因ではなく引き金にすぎない。積み重なった古い感情を甦《よみがえ》らせるのだ。その感情が頭に上り、拡大されて、エゴの精神構造を活性化する。

**ペインボディとエゴには密接な関係がある。両者はお互いを必要としている。**引き金となる出来事や状況は、重い感情に彩られたエゴというスクリーンを介して解釈され、反応を引き起こす。このために出来事や状況の重要性が完全に歪められる。自分のなかにある感情的な過去という目で、いまという時を見ることになる。言い換えれば、あなたが見て経験している中身はいまの出来事や状況にではなく、あなた自身のなかにある。場合によってはいまの出来事や状況のなかにあるかもしれないが、それを自分の反応によってさらに拡大させている。この反応と拡大こそ、ペインボディが望み、必要としている糧なのだ。

重いペインボディに取りつかれている人は、自分の歪んだ解釈や重苦しくて感情的な「物語」の外に出るのが難しい。物語のなかの感情がネガティブであればあるほど、その物語はますます重く強固になる。だから物語であることがわからず、現実だと思い込む。思考とそれに付随する感情の動きに完璧《かんぺき》に取り込まれていると、そこから出ることは不可能だ。なにしろ外側があることさえわからないのだから。自分でつくり出した映画や夢の罠《わな》にかかり、自分自身でつくった地獄に落ちているのと同じである。それが当人にとっての現実で、他の現実は存在しない。さらに当人にとっては、自分の反応以外の反応の方法はあり得ない。

## ペインボディから自分を引き離す

活動的な強いペインボディを抱えている人はある種のエネルギーを放出していて、他の人はそれを非常に不快に感じる。すぐに相手から離れたくなったり、交流を最小限に抑えたいと思う人もいる。相手のエネルギー場に跳ね返されるように感じるのだ。またエネルギーを発している人に苛立《いらだ》ちを感じて無礼になったり、言葉やときには物理的な暴力で攻撃しようとする人もいる。この場合は反応する人のなかにも相手のペインボディに共振する何かがあるのだ。強く反応する原因は自分のなかにある。つまり自分自身のペインボディである。

当然ながら、重くてしょっちゅう活性化するペインボディを抱えている人は、年中争いに巻き込まれる。もちろん自分が積極的に争いを起こすこともあるが、自分では何もしていない場合もある。それでも放射しているネガティブなエネルギーが敵意を引き寄せて、争いを生み出す。相手がこういう活動的なペインボディをもった人だと、反応しないでいるためにはこちらがよほどしっかりと「いまに在る」必要がある。いっぽう、こちらがしっかりと「いまに在る」と、それによって相手がペインボディから自分を引き離し、ふいに奇跡的な目覚めを経験することもある。その目覚めは短時間で終わるかもしれないが、とにかく目覚めのプロセスの始まりにはなる。

私がその種の目覚めを体験したのは、もう何年も前のことだ。夜中の十一時に玄関のベルが鳴った。インターフォンから聞こえたのは隣のエセルの不安に怯《おび》えた声だった。「どうしてもお話ししなくてはならないことがあるんです。とても大事なことなの。すみませんけど、開けてください」。エセルは教養ある知的な中年女性だった。同時に強いエゴと重いペインボディの持ち主でもあった。彼女は思春期にナチス・ドイツから逃れてきたのだが、家族の多くを強制収容所で失っていた。

入ってきたエセルは興奮したようすでソファに腰を下ろし、もってきたファイルから手紙や書類を取り出して震える手でソファや床に広げた。とたんに私は、自分の身体のなかで調光器の目盛りが大きく動いてパワーが最大になったという不思議な感覚を覚えた。とにかくオープンな姿勢でできるだけ観察力を働かせつつ、しっかりと――身体の全細胞をあげて――「いまに在る」しかなかった。エセルの口から奔流《ほんりゅう》のように言葉があふれる。「今日また、あいつらからひどい手紙が来たんですよ。私に復讐《ふくしゅう》しようとしているんだわ。お願い、あなたも力になってください。私たち、一緒に闘わなくちゃ。向こうの性悪な弁護士は何が何でもやり通す気です。私、住むところがなくなってしまう。あいつらは権利を剥奪《はくだつ》すると脅してきたのよ」。どうやらエセルは、住宅の管理者が彼女の要求した修理に応じなかったという理由で、管理料の支払いを拒否したらしい。そこで管理者側は裁判に訴えると脅してきたのだ。

エセルは十分ほどまくしたてた。私は彼女を見つめながら聞いていた。とつぜん彼女は口を閉じ、いま夢から醒《さ》めたという表情で広げた書類を見回した。態度は落ち着いて穏やかになり、エネルギー場はすっかり変化した。それから彼女は私を見て言った。「こんなに大騒ぎするほどのことじゃありませんわね、そうでしょう?」。「そうですね」。私は答えた。それから何分か彼女は黙って座っていたが、やがて書類を拾い集めて立ち去った。翌朝、通りで出会った彼女はいぶかしげな表情で私を見た。「あなた、何をなさったんです? 私はここ何年も眠れないで困っていたのに、昨夜はぐっすり眠れたんですよ。まるで赤ちゃんみたいに熟睡しました」。

エセルは私が何かをしたと思ったらしいが、実は私は何もしなかった。彼女は、何をしたのかではなく、何をしなかったのかと聞くべきだった。私は反応せず、彼女の物語のリアリティを保証せず、彼女の精神の糧となる思考もペインボディの糧となる感情も提供しなかった。そのとき彼女が体験していることを体験するがままにさせておいた。私の力は、介入しないこと、行為しないことから生じていた。「いまに在る」ことは、つねに何かを言ったりしたりするよりも強力なのだ。ときには「いまに在る」ことから言葉や行為が生まれることもあるが。

エセルの変化は恒久的なものではなかったが、しかしある可能性を知らせ、彼女のなかにすでにあるものを垣間見せる結果にはなった。禅ではこの観察の体験を「悟り」と呼ぶ。**「悟り」とは「いまに在る」ことであり、頭のなかの声や思考プロセスから、それにその思考が身体に引き起こす感情から離れることだ。**すると自分のなかに広々としたスペースが生まれる。それまでは思考や感情が騒がしくせめぎあっていた場がすっきりと開ける。

考えても「いまに在る」ことは理解できない。それどころか多くの場合、誤解する。気遣いがない、よそよそしい、愛情がない、無関心だ、と言われることもある。だがほんとうは、思考や感情よりももっと深いレベルで関心を寄せている。それどころか、そのレベルでこそ、ただ関心を寄せるだけでなくほんとうに気遣い、ともにいることができる。「いまに在る」静謐《せいひつ》のなかで、あなたは自分と相手の形のない本質を感じる。あなたと相手がひとつだと知ること、それこそが真の愛であり、気遣いであり、共感だ。

## 「引き金」

ペインボディのなかには、一定の状況にだけ反応するものがある。ふつう引き金になるのは、過去に体験した感情的苦痛に共振する状況だ。たとえばお金のことで年じゅう騒ぎたてて争う親のもとで育った子どもは、お金に対する親の不安を吸収し、金銭的な問題が引き金になるペインボディを発達させる。こういう子どもは成人後、わずかなお金のことで動揺したり、怒ったりする。その動揺や怒りの裏には、生存がかかっているという強い不安が存在する。霊的で比較的目覚めた意識をもった人が、株式ブローカーや不動産業者からの電話をとったとたんに声を荒らげ、詰問し、非難するのを目にしたことがある。タバコのパッケージに健康上有害ですという注意書きがあるように、お札や銀行の通帳にも、「お金はペインボディを活性化し、完璧な無意識を引き起こすことがあります」という注意書きが必要かもしれない。

親の片方あるいは両方から育児放棄された子どもは、遺棄への原初的な不安に共振する状況が引き金になるペインボディを発達させるだろう。この人たちの場合、空港に迎えに来る友だちが数分遅れたとか、配偶者の帰宅が少し遅くなったというだけで、ペインボディの激しい発作が起こる。パートナーあるいは配偶者に去られたり死なれたりすると、その感情的苦痛は通常の場合をはるかに超え、激しい苦悶《くもん》やいつまでも続いて立ち直れないほどの鬱《うつ》や偏執的な怒りに取りつかれる。

子どものころ父親に虐待された女性の場合、男性との親密な関係がペインボディの引き金になることがある。逆にペインボディをつくりあげている感情のせいで、父親と似たようなペインボディをもった男性に惹《ひ》かれることもある。そのような女性のペインボディは、同じ苦しみをもっと味わわせてくれそうな誰かに磁力を感じるのだろう。こういう苦痛は恋と勘違いされたりする。

母親に望まれない子どもで、まったく愛されず、最小限の世話と関心しか与えられなかった男性は、母親の愛と関心に対する強い満たされない憧《あこが》れと必死に求めるものを与えてくれなかった母親への強い憎悪が混ざり合った、矛盾した重いペインボディを発達させる。こういう男性がおとなになると、ほとんどすべての女性がその飢えたペインボディ――感情的な苦痛の塊――への引き金になり、出会う女性のほとんどすべてを「誘惑し、征服」せずにはいられない依存症的な衝動が現れる。それによってペインボディが渇望する女性の愛と関心を得ようとするのだ。そこで女たらしになるが、女性との関係が親密になりかけたり、誘いを拒絶されたりすると、母親に対するペインボディの怒りが甦り、人間関係を破壊してしまう。

**自分のペインボディの目覚めが感じられるようになると、どんな状況や他人の言動がいちばん引き金になりやすいかもじきにわかるだろう。**引き金になることがあったら、あ、これだなとすぐに気づき、観察眼を鋭くすればいい。すると一、二秒後に感情的な反応が起こってペインボディが起き上がるのを感じるだろう。しかし「いまに在る」ことができていれば、そのペインボディに自分を同一化しないから、ペインボディに支配されて頭のなかの声を乗っ取られなくてすむ。そんなときパートナーがそばにいたら、「あなたの言った（した）ことが、私のペインボディの引き金になった」と説明できるかもしれない。相手の言動がペインボディの引き金になったらすぐにそれを伝えると、お互いに取り決めておくといい。そうすれば人間関係のドラマによってペインボディがさらに大きく育つのを防げるし、無意識に引きずり込まれる代わりに、「いまに在る」力を強化するのに役立つ。

**ペインボディが目覚めたとき、あなたが「いまに在る」なら、そのたびにペインボディのネガティブな感情的エネルギーの一部が焼失し、「いまに在る」力へと変容する。**残るペインボディはすぐに退却して次のチャンスを、つまりあなたが無意識になる機会を待とうとするだろう。お酒を飲んだり、暴力的な映画を見たりしたあと、「いまに在る」ことを忘れれば、ペインボディにとってはチャンス到来だ。苛立ちや心配といったほんの小さなネガティブな感情でも、ペインボディが戻ってくる入り口になりかねない。ペインボディはあなたの無意識を必要としている。「いまに在る」という光には耐えられない。

## 目覚めのきっかけとしてのペインボディ

一見すると、ペインボディは人類の新しい意識の目覚めに対する最大の障害に見えるかもしれない。ペインボディは精神を占拠し、思考を歪めて支配し、人間関係を破壊する。エネルギー場に立ちこめる暗雲のような感じだ。人間を無意識に落とし込む。スピリチュアルな言い方をするなら、心と感情への完全な同一化をもたらす。そのために人は直接的に反応し、自分と世界の不幸を増大させるようなことを言ったりしたりする。

しかし不幸が増大すると人生のつまずきも多くなる。身体がストレスに耐えられずに病気になったり、なんらかの機能不全を起こすかもしれない。悪いことが起こることを望むペインボディのせいで事故に巻き込まれたり、大きな争いや波乱に遭遇したり、暴力行為の加害者になることもあるだろう。あるいはすべてが過重で耐えられず、もう不幸な自分として生きることができなくなるかもしれない。もちろんペインボディは不幸な自分という偽りの自分の一部だ。

**ペインボディに支配され、ペインボディをペインボディと認識できずにいると、ペインボディがあなたのエゴの一部に組み込まれる。**あなたが同一化する対象は、すべてエゴに組み込まれていく。ペインボディはエゴが同一化できる最も強力な対象の一つだし、ペインボディもまた自らに糧を与えて再生するためにエゴを必要としている。しかしこの不健康な同盟関係は、やがてペインボディがあまりに重くなり、エゴの心の構造では支えきれなくなったとき破綻《はたん》する。エゴはペインボディによって強化されるどころか、つねにそのエネルギーを浴びせられて侵食されるからだ。電流によって動く電気器具も電圧が高すぎると壊れてしまうのと同じことである。

強力なペインボディをもった人々はよく、もう人生に耐えられない、もうこれ以上の苦痛もドラマも引き受けられない、というところまで追い込まれる。ある女性はこれをずばりと、「もう不幸でいることにはうんざりだ」と表現した。また私がそうであったように、もう自分自身を相手にしていられないと感じることもある。そうなると内的な平和が最優先になる。感情的苦痛があまりにも激しいので、不幸な自分を生み出して持続させている心の中身や精神、感情的な構造から自分を引き離すのだ。そのとき人は、自分の不幸な物語も感情も実は自分自身ではないことを知る。自分は知る対象、中身ではなく、知るほうの側だと気づく。**ペインボディが人を無意識に引きずり込むのではなくて、逆に目覚めのきっかけに、「いまに在る」状態へと赴かざるを得なくなる決定的な要因になる。**

しかしいま地球ではかつてなかったほど大きな意識の流れが生じているので、多くの人々はもう激しい苦しみを通過しなくてもペインボディから自分を引き離すことができるようになった。自分が機能不全の状態に戻ったことに気づいたら、思考と感情への同一化から離れて、「いまに在る」状態へと進めばいい。抵抗を捨てて、静かに観察し、内側も外側もいまここに在る状態とひとつになるのだ。

人類の進化の次のステップは不可避ではなく、地球上の歴史で初めて意識的な選択が可能になった。その選択をするのは誰か? あなたである。あなたとは何者か? 自らについて意識的になった意識である。

## ペインボディからの解放

よく聞かれるのが、「ペインボディから解放されるには、どれくらいかかるのだろう？」ということだ。答えはもちろん、その人のペインボディの密度と、どこまで真剣に「いまに在る」ことができるかで異なる。だが当人の苦しみや他人に与えている苦しみの原因はペインボディそのものではなく、自分とペインボディとの同一化のほうだ。何度も繰り返して過去を生きることを強制し、あなたを無意識の状態につなぎとめているのは、無意識のペインボディではなく、自分とペインボディの同一化のほうなのだ。だからもっと大事な質問は、**「ペインボディとの同一化から解放されるには、どれくらいかかるのだろう？」**である。

この問いの答えは、すぐにでも可能、ということだ。ペインボディが活性化されたとき、この感じは自分のなかのペインボディだと気づくこと。そこに気づけば、ペインボディとの同一化を断ち切ることができる。同一化しなくなれば、変容が始まる。ペインボディだとわかればそれだけで、湧《わ》き起こって頭に上った古い感情が内的な対話だけでなく行動や他者との関係まで乗っ取るのを防げる。つまりペインボディはもうあなたを利用して自らを再生することができない。

古い感情はまだしばらくあなたのなかにあり、ときおり浮上してくるだろう。ときにはうまくあなたをだまして同一化へと持ち込み、気づきを妨げるかもしれない。だがそれも長くは続かない。古い感情を状況に投影しないということは、自分のなかの古い感情と直接に向き合うことを意味する。それは心地よいことではないが、別に命まで取られはしない。「いまに在る」ことによって、充分に押さえ込むことができる。古い感情はあなた自身ではない。

ペインボディを感じたとき、自分は何かが間違っている、ダメな人間なんだなどと誤解してはいけない。自分を問題視する、それはエゴが大好きなことだ。ペインボディだと気づいたら、そのことを受け入れなくてはいけない。受け入れずにいると、きっとまた見えなくなる。**受け入れるとは、何であれその瞬間に感じていることを素直に認めることだ。それは「いまに在る」ことの一部である。**いまに在ることに反論はできない。いや反論はできても、自分が苦しむだけだ。認めることを通じて、あなたは広々とした、せいせいした自分自身になれる。全体になれるのである。もう、断片ではない（エゴは自分を断片だと感じている）。あなたの本来の真のエネルギーが湧き起こる。それは神の本性と一体だ。

イエスはこれについて、[1]「だからあなたがたは、天の父が全体であるように、全体でありなさい」と言った。新約聖書には「完全でありなさい」と記されているが、これは全体という意味のギリシャ語を誤訳している。これはあなたが全体にならなければならない、という意味ではなく、あなたはすでに——ペインボディがあってもなくても——全体だという意味なのだ。

# 第七章

# ほんとうの自分を見つける

## 自分は何者であるか

「汝《なんじ》自身を知れ」。これは聖なる預言が授けられたデルフォイのアポロ神殿の入り口に掲げられていた言葉だ。古代ギリシャの人々は、自分にはどんな運命が用意されているのか、状況がその後どのように展開するのかを知りたくて、預言を聞きに神殿を訪れていた。その訪問者のほとんどが神殿に入るときにこの言葉を読んだだろうが、これがどんな預言よりも深い真実を指し示していることには気づかなかったのではないか。またどれほど偉大な啓示があり、与えられた情報がどれほど正確であっても、結局はそんなものは無益であって、「汝自身を知れ」という命令に隠された真実を見出さない限り、さらなる不幸や自業自得の苦しみから救われはしないことも知らなかっただろう。この言葉が語っているのは、こういうことである。**質問をする前にまず、お前の人生における最も基本的な問題を問わねばならぬ。私は何者か、と。**

無意識な人々――多くの人たちはエゴの罠《わな》に囚《とら》われて生涯を無意識のままで過ごす――は、すぐに自分は何者か答えるだろう。これこれという名前で、職業は何で、こんな人生を送ってきて、身体つきはどうで、健康状態はどうと、自分が同一化している事柄を並べるに違いない。自分を不死の魂あるいは聖なる霊（スピリット）だと考えている、もっと精神的に進化したと思われる人たちもいるだろう。だが、そんな人たちもほんとうに自分を知っているのか、それともスピリチュアルな響きのある概念を心の中身に付け加えているだけなのか？

自分自身を知るとは、ある種の考え方や信念の受け売りをするよりもはるかに奥深いことだ。スピリチュアルな考え方や信念は、良くても役に立つ方向指示器でしかなく、これが自分だと思い込んだ強固な中核的概念（これは人間の心を決定している条件の一つだ）を解体する力をもっていることはほとんどない。自分自身を深く知ることと、心を取り囲んでうごめいているさまざまな思考とは何の関係もない。**自分自身を知るとは、自分の心のなかで迷子になる代わりに、「いまに在る」ことにしっかりと根を下ろすことなのである。**

## あなたが考える自分

自分を何者だと考えるかによって、自分には何が必要で、自分の人生で何が大事だと感じるかが決まる。そして自分にとって大事だと感じることは、あなたを動揺させたりあわてさせたりする力をもっている。そこで何に動揺しあわてるかを、自分自身をどれくらい知っているかの物差しに使うことができる。

大事だと感じていることと、当人が大事だと思ったり言ったりしていることは必ずしも一致しないが、行動や反応を見れば、何が大事だ、重大だと感じているかはすぐにわかる。そこで自問してみるといい。自分が動揺したりあわてたりするのはどんなことか？　小さなことで動揺するなら、あなたが考えているあなたもその通り小さいのである。それがあなたの無意識の信念だからだ。では小さなこととは何だろう？　つきつめてみれば、ものごとはすべて小さいと言える。すべては移ろいゆくものでしかないから。

あるいは「私は自分が不死の霊（スピリット）であることを知っている」「もうこんなおかしな世界にはうんざりだ。私が望むのは平安、それだけだ」と言う人もいるだろう。だがそれも電話のベルが鳴るまでのことだ。悪い知らせが来る。株価が大暴落した。取り引きが失敗しそうだ。自動車が盗まれた。姑《しゅうとめ》がやってきた。旅行がキャンセルされた。契約が履行されなかった。相手はあなたのミスだと言う。ふいに怒りや不安がふつふつと湧《わ》き起こる。声が荒々しくなる。「もう、黙っちゃいないぞ」。あなたは詰《なじ》り、非難し、攻撃し、自己防衛し、自分を正当化する。すべては自動操縦で行われる。さっき自分が望むのは平安だけと言ったが、明らかに心の平安以上に大事なものがあったわけだ。それにあなたはもう不死の霊（スピリット）でもない。取り引き、金銭、契約、喪失や喪失の脅威のほうがもっと重要だったのだ。誰にとって？　あなたが自分だという不死の霊（スピリット）にとってか？　いやいや、「私」にとってだ。移ろい変化するものごとに安心や満足を求め、それが見つからないからと不安になったり怒ったりする「小さな私」にとって、である。これで少なくともほんとうは自分が何者だと感じているかは明らかになった。

もし平安を望むのなら、平安を選べばいい。どんなことよりも心の平安が大切なら、そしてほんとうに自分は小さな自分ではなくて霊（スピリット）だと感じているなら、挑戦的な人々や状況に直面しても反応せず、静かに観察していればいい。状況に抵抗するのではなく、即座に状況を受け入れ、それとひとつになればいい。そうすれば観察するなかから自ずと答えは出る。あなたが自分だと感じる自分（小さな自分）ではなく、ほんとうのあなた（意識）が答えを出す。その答えは力強くて効果的で、誰もどんな状況も敵にまわすことはないだろう。

**世界は必ず自分にとって大事なことをつきつけてくるから、自分を何者と考えているつもりであっても、長期間誤解し続けてはいられない。**とくに難題が生じたとき、人々や状況にどう反応するかで、自分がどれほど深く自分を知っているかが暴露される。

自分についての見方が狭く限られていていて自己中心的であればあるほど、他人についても自己中心的で限界のある無意識な部分にばかり目がいき、そこに反応する。相手の「欠陥」あるいは欠陥だと思う部分を、相手そのものと見る。つまり相手のエゴだけを見るわけで、それによって自分のエゴをも強化することになる。他者のエゴを「通して」他者を見るのではなく、エゴ「そのものを」見るのだ。ではそのエゴを見ているのは誰か？　あなたのなかのエゴである。

無意識の強い人たちは、他者への投影を通じて自分のエゴを経験する。相手のなかの何かに反応するのは自分にも同じものがある（自分のなかにだけある場合もある）からだと気づけば、自分自身のエゴが見えてくる。ここまでくれば、自分が他人からされていると思っていることは、実は自分が他人にしていることだとわかるかもしれない。そうなれば、自分を被害者だとは思わなくなる。

あなたはエゴではない。だから、あなたのなかのエゴに気づいたからといって、自分を知ったということではない。自分は何者ではないかがわかっただけだ。だが、何者ではないかを知れば、ほんとうの自分自身を知るうえでの最大の障害が取り除かれる。

**誰もあなたが何者かを教えてくれはしない。**誰かが教えてくれるのは概念にすぎないから、あなたを変える力はない。ほんとうの自分自身には信念も必要ない。それどころか、信念はどれも障害になる。認識すら必要ではない。**なぜなら、あなたはすでにあなたなのだから。**だが認識しなければ、ほんとうのあなたが世界に向かって輝き出すことはなく、埋もれたままになる。もちろんその埋もれた場所がほんとうのあなたのありかだ。貧しく見える人が実は一億ドルの預金をもっていることを知らず、せっかくの財産が活用されないのと同じだ。

## 豊かさ

自分を何者だと考えるかは、他人にどう扱われるかとも密接に関連する。大勢の人が他人に不当に扱われると不満を抱いている。「自分は尊敬されず、関心をもたれず、認められず、評価されていない」と彼らは言う。「自分はないがしろにされている」と。こういう人は誰かに親切にされると、下心があるのではないかと思う。「自分を操ろうとしている、利用しようとしている。誰も自分を愛してくれない」。

では彼らは自分をどう考えているのか。「乏しい『小さな』私は必要を満たせないでいる」と思っている。この基本的な誤解があらゆる人間関係の機能不全のもとになる。この人たちは自分には与えるものが何もなく、人々や世界は物惜しみをして自分の必要なものを与えてくれない、と信じている。

彼らの現実はすべて、自分は何者かという妄想の上に築かれている。それが状況の妨げになり、すべての人間関係を損なう。**自分が考える自分に欠乏——お金でも、承認でも、愛でも——という考え方がしみつくと、いつも欠乏を経験する。**すでにある自分の人生の豊かさを認めず、欠乏ばかりが目につく。**すでにある自分の人生の豊かさを認めること、それがすべての豊かさの基本だ。**世界が物惜しみをして与えてくれないと思っているが、実は自分自身が物惜しみをして世界に与えないでいる。なぜ物惜しみをするかと言えば、自分は小さくて、何も与えるものがない、と奥深いところで信じているからだ。

次のことを何週間か試して、結果がどうなるかを見ていただきたい。人々が物惜しみをして与えてくれないと思っているもの——賛辞、感謝、援助、愛情をこめた気遣い、等々——を自分から他人に与えるのだ。そんな持ちあわせはない、って？　あるようにふるまえばよろしい。そうすれば出てくる。そして与え始めるとまもなく、与えられるようになる。与えないものは受け取れない。出力が入力を決める。**世界が物惜しみをして与えてくれないと思っているものは、あなたがすでにもっているのに出力しようとしないもの、それどころかもっていることを**

**知らないものだ。**そのなかには豊かさも含まれる。出力が入力を決定するということを、イエスはこんな力強い言葉で表現した。「[1]与えなさい。そうすれば、自分も与えられます。人々は気前よく量り、押しつけ、揺すり、あふれるほどにして、あなたの膝《ひざ》に乗せてくれるでしょう」。

**すべての豊かさの源泉はあなたのなかにある。あなたの一部なのだ。**だが、まず外部の豊かさに目を向けて認めることから始めよう。どこを見ても充実した人生の証《あかし》がある。肌に当たる日差しの温《ぬく》もり、花屋の店先の美しい見事な花々、みずみずしい果物の歯ざわり、あるいは天から降り注ぐ雨に濡《ぬ》れる楽しさ。どこへ行っても充実した人生が待っている。あなたのまわりにあるこの豊かさを認めると、あなたのなかで眠っている豊かさが目覚める。そうすればその豊かさが外に向かってあふれ出る。見知らぬ人に微笑《ほほえ》みかけるとき、それだけでささやかなエネルギーが流れ出る。あなたは川になる。

自分に始終問いかけてみよう。「ここでは私に何ができるだろうか。どうすればこの人の、この状況の役に立てるだろう？」。何も所有していなくても豊かさは感じられるし、いつも豊かさを感じていると、豊かさは向こうからやってくる。豊かさはすでにもっている人にだけ訪れる。そんなのは不公平じゃないかと思われるかもしれないが、もちろんそんなことはない。これは普遍的な法則だ。豊かさも乏しさも内面的な状態で、それがあなたの現実となって現れる。イエスはこれを次のように説明した。「[2]もっている人はさらに与えられ、もたない人はもっているものまでも取り上げられる」。

# 自分自身を知ることと、自分自身について知ること

自分自身を知るなんて怖いから嫌だ、と思われるかもしれない。多くの人が、自分はだめな人間なのではないかと密《ひそ》かに不安を抱いている。だがあなたが自分自身について発見したことは、どれもあなたではない。あなたについて知ったことと、あなたとは違う。

怖いから自分自身なんか知りたくないという人がいるいっぽうで、自分自身について飽くなき興味を抱いて、もっともっと知りたいという人もいる。自分自身のことを知りたくてたまらず、何年も心理分析を受け、子ども時代のことを隅から隅まで探り、密かな不安や欲望をすべて引きずり出し、幾重にも重なった層を一つ一つはがして、自分の人格や性格を探ろうとする。十年もたつと、セラピストはあなたとあなたの物語にうんざりして、分析は完了しました、と言うかもしれない。そして五千ページもの報告書をもたせてくれるだろう。「これはすべてあなたに関することです。これがあなたです」と。あなたは重いファイルをもち帰るが、ついに自分を知ったという満足は、すぐにまだ充分ではないという思いと、自分にはもっと何かあるはずだというそこはかとない疑惑に取って代わられる。たしかにもっと――もっと多くの事実という量的な意味ではなくて、もっと深いという質的な意味で――何かがあるのだ。

自分自身に「ついて」知ることと、自分自身を知ることを混同しなければ、精神分析も自分の過去について知りたいという思いも、別に悪くはない。五千ページの報告書はあなたに「つ

いて」書かれている。過去によって条件づけられたあなたの心の中身、コンテンツである。精神分析や自己省察を通じて知るのはすべて、あなたに「ついて」であって、「あなた」ではない。あなたの心の中身で、あなたの本質ではない。**エゴを乗り越えるとは、中身から脱することである。自分自身を知るとは自分自身であることで、自分自身であるとは心の中身と自分の同一化をやめることだ。**

ほとんどの人は人生の中身を通じて自分が何者であるかを決めている。自分が感じ取ること、経験すること、行動や思考や感情、それが中身だ。ほとんどの人は中身にばかり関心を向け、そこに自分を同一化する。「私の人生（my life）」と考えたり言ったりするとき、あなたは自分の本質である生命（life）ではなく、自分がもっている、あるいはもっているように見える人生（life）を想定している。中身を、つまり年齢や健康状態や人間関係、経済状態、仕事や生活の状況、それに精神的、感情的な状態などを思い浮かべている。あなたの人生の内部的、外部的状況や過去と未来、それらはすべて（いろいろな出来事と同じく）中身の領域にあり、したがってどんなことでも起こり得る。

それでは中身以外に何があるのか？　その中身の存在を可能にしているもの、意識という内なるスペースである。

## 混沌とより高い秩序

中身を通じてしか自分を知らないと、自分は何が善で何が悪なのかわかると考える。いろいろな出来事の「善悪」を区別し、これは「悪い」ことだと決めつける。だがそれでは人生（生命）という総体を断片的に把握する結果になる。人生（生命）という総体ではすべてがからみあい、あらゆる出来事が全体のなかであるべき場所と機能を有している。しかしその総体はものごとの表面だけを見ていてはわからない。**総体は部分の総和以上のもの、あなたの人生や世界の中身以上のものだからだ。**

人生でも世界でも同じだが、一見偶然のような、それどころか混沌《こんとん》としたわけのわからない出来事の連なりの奥には、より高い秩序や目的が隠されている。禅ではこれを「好雪片々として、別所に落ちず」（舞い落ちる雪のひとひらひとひらは、落ちるべきところに落ちている）と美しく表現している。私たちはいくら考えても、このより高い秩序を理解することはできない。私たちが考えるのは中身についてなのに、より高い秩序は形のない意識の領域、普遍的な知性から生じているからだ。だが、私たちにもそれを垣間見ることはできるし、それ以上により高い秩序の展開の意識的参画者となって、自分をその秩序に合わせることはできる。

人間の手が加わっていない原始の森に入るとき、思考する心には無秩序と混沌しか見えないだろう。いたるところで朽ち果て腐敗した物質から新しい生命が芽生えていて、生命（善）と死（悪）の区別すらつかなくなる。ただ静かにそこに留《とど》まり、思考というノイズが消えたときに初めて、隠された調和が、聖性が、より高い秩序が存在し、すべてが完璧《かんぺき》な場所を得て、あるべき姿であることに気づくだろう。

思考する心にとっては造成された公園のほうが心地よい。公園は自然に生い茂ったのではなく、思考を通じて計画されているからだ。そこには心が理解できる秩序がある。だが原始の森の秩序は理解できないから、混沌にしか見えない。善悪という概念の区分を超えている。それを思考を通じて理解することはできないが、思考を放棄し、静かに観察すれば、そして理解しようとか説明しようとしなければ、感じ取ることはできる。そのとき初めて、森の聖性に目が開かれるだろう。

隠された調和と聖性を感じ取れれば、自分もその一部であることがわかるし、そこに気づけばあなたはその調和の意識的な参画者になれる。そして自然のほうもあなたが人生（生命）の総体と調和するのを助けてくれる。

## 善と悪と

多くの人は人生のどこかで、この世界には誕生や成長や成功や健康や喜びや勝利だけではなく、喪失や失敗や病気や老いや衰えや苦痛や死があることに気づく。これらは習慣的に「善」

と「悪」、秩序と無秩序というレッテルを貼《は》られている。人々の人生の「意義」はふつう「善」とみなされるものと関連づけられているが、この「善」なるものはつねに崩壊、破壊、無秩序の脅威にさらされている。人生の説明がつかなくなり、筋が通らなくなったら、いつ「無意味」と「悪」に陥るかわからない。誰の人生にも遅かれ早かれ無秩序が忍び入ってくるし、どれほど保険をかけてもそれは防げない。喪失や事故、病気、障害、老齢、死などの形で侵入してくる。だが人生が無秩序に侵され、人生の精神的な意義が崩壊したとき、それがより高い秩序への入り口になることもあり得る。

「[3]この世の知恵は、神の前では愚である」と聖書には記されている。**この世の知恵とは何か？思考の運動と思考によってのみ規定される意味のことだ。**

思考は状況や出来事がそれぞれ別個の存在であるかのように一つ一つ抜き出し、善か悪かを判断する。思考に頼りすぎると現実は断片化してしまう。この断片化は幻想なのだが、その罠に落ちているときには、それが現実だと思い込む。しかし宇宙とは分断できない総体であり、そこではすべてがつながりあっていて、独立して存在するものは何もない。

すべてのものごとが深く関連しあっていることは、「善」と「悪」という区別が結局は幻想にすぎないことを意味している。善だの悪だのというのは限られた見方で、相対的一時的な真実を示しているにすぎない。このことはくじ引きで高級車が当たったある賢い人物の物語を見るとよくわかる。当選したとき、親戚《しんせき》知人は大喜びで祝ってくれた。「すごいじゃないか！」

と彼らは言った。「きみはほんとうに幸運だ」。当選した男性は微笑んで「そうかもしれない」と答えた。彼は数週間、新車を運転して楽しんだ。ところがある日、交差点で酔っ払い運転の車にぶつけられ、重傷を負って病院にかつぎ込まれた。親戚知人が見舞いにやってきて言った。「とんでもない不運だったね」。またしても男性は微笑んで「そうかもしれない」と答えた。彼の入院中のある晩、地すべりが起こって自宅が海に流されてしまった。翌日やってきた友人たちが言った。「入院中で、運が良かったね」。男性はまた答えた。「そうかもしれない」。

この賢者の「そうかもしれない」は、起こった出来事について判断しないことを意味している。判断する代わりに事実を受け入れ、それによってより高い秩序に意識的に参画しているのだ。一見偶然に見える出来事が総体という織物のなかでどんな場所をもち、それにどんな目的があるのか、心では理解できないことが多いのを彼は知っている。しかしまったく偶然の出来事もなければ、それだけが独立して存在する出来事もありはしない。

あなたの身体をつくりあげている原子は、かつて星々のなかで形成された。どんな小さな出来事も、文字通り無限の因果関係のなかで、思いも及ばない方法で総体と関わっている。ある出来事の原因を遡《さかのぼ》って知りたいなら、宇宙創生まで戻らなくてはならない。宇宙（コスモス）は混沌ではない。コスモスという言葉は秩序、調和を意味する。その秩序は人間の心が理解できるものではないが、しかし垣間《かいま》見ることはできる。

# 何が起ころうと気にしない

J・クリシュナムルティはインドの偉大な哲学者、霊的指導者で、五十年以上も世界各地を旅して講演し、言葉を通じて――言葉とは中身だが――言葉を超え、中身を超えたことを伝えようとした。人生も後半にさしかかったあるとき、彼は「私の秘密を知りたいと思いますか？」と問いかけて、聴衆を驚かせた。聞いていた全員がはっと耳をそばだてた。聴衆の多くは二十年三十年と彼の言葉を聞いてきて、それでもなお彼の教えの本質を理解することができないでいた。長い歳月のあと、ついに師は教えを理解する鍵《かぎ》を与えてくれるのか。「これが私の秘密です」と彼は言った。「私は何が起ころうと気にしない」。

彼はそれ以上説明しなかった。たぶん聴衆のほとんどはいっそう当惑したのではないか。だが、このシンプルな言葉の意味はとても奥深い。

**何が起ころうと気にしない。これは何を意味するのか？　自分の内面は起こった出来事と調和している、ということだ。**「何かが起こる」、それはもちろんそのときどきの状態として現れており、つねにすでに存在している。起こった何かとは中身で、いまという時――時にはこれしかない――の形だ。その何かと調和しているというのは、起こった出来事との関係に心のなかで抵抗せずにいるということである。起こった出来事に善だの悪だのというレッテルを貼らず、ただあるがままに受け入れる。あるがままに受け入れるなら、行動もせず、人生を変化させようともしないのか？　そうではない。それどころか逆で、いまという時との内的な調和をベースに行動するとき、その行動には「生命」そのものの知性の力が働く。

## 「ほう、そうか？」

日本のある町に白隠《はくいん》という禅の老師が住んでいた。彼は人々の尊敬を集めており、大勢の人が彼の教えを聞きに集まってきていた。あるとき、寺の隣の十代の娘が妊娠した。怒り狂った両親に、子どもの父親は誰だと問い詰められた娘は、とうとう白隠禅師だと答えた。両親は激怒して白隠のもとに怒鳴り込み、娘は白状したぞ、お前が父親だそうだな、となじった。白隠は「ほう、そうか？」と答えただけだった。

噂《うわさ》は町じゅうどころか近隣の地域にまで広がった。禅師の評判は地に堕《お》ちた。だが禅師は意に介さなかった。誰も説法を聞きに来なくなった。だが禅師は落ち着き払っていた。赤ん坊が生まれると、娘の両親は禅師のもとへ連れてきた。「お前が父親なんだから、お前が面倒を見るがいい」。禅師は赤ん坊を慈しみ、世話をした。一年たち、慚愧《ざんき》に堪えられなくなった娘が両親に、実は赤ん坊の父親は近所で働く若者だと白状した。両親はあわてて白隠禅師のもとへ駆けつけ、申し訳なかったと詫《わ》びた。「ほんとうにすまないことをしました。赤ん坊を引き取らせてもらいます。娘が、父親はあなたではないと白状しましたんで」。「ほう、そうか？」。

禅師はそう言って、赤ん坊を返した。

禅師は偽りにも真実にも、悪い知らせにも良い知らせにも、「ほう、そうか？」とまったく同じ対応をした。彼は良くても悪くてもいまという瞬間の形をそのまま認めて、人間ドラマには加わらなかった。彼にとってはあるがままのこの瞬間だけがある。起こる出来事を個人的なものとして捉《とら》えない。彼は誰の被害者でもない。彼はいまこの瞬間に起こっている出来事と完《かん》璧《ぺき》に一体化し、それゆえに起こった出来事は彼に何の力も振るうことができない。起こった出来事に抵抗しようとするからその出来事に翻弄《ほんろう》されるし、幸福か不幸かをよそから決められることになる。

赤ん坊は慈しまれ、世話をされた。抵抗しないという力のおかげで、悪い出来事が良い結果になった。つねにいまという瞬間に求められたことをする禅師は、時が来たら赤ん坊を手放したのだ。

この一連の出来事の各段階で、エゴならどう反応したかを、ちょっと想像してみていただきたい。

## エゴと「いま」という瞬間

人生で最も根源的で重要な関係は「いま」との、と言うか、どのような出来事であれ「いま」という時がとった形との関係である。この「いま」との関係が機能不全なら、その機能不全はあらゆる関係、あらゆる状況に反映されるだろう。簡単に言えば、エゴとは現在という時との関係の機能不全であると定義してもいい。**あなたが現在という時とどのような関係でいたいかを決められるのは、いまのこの瞬間だ。**

あるレベルの意識に達していたら（本書を読んでおられれば、だいたいは達しているはずだが）、現在という瞬間とどんな関係でいたいかも決めることができるだろう。現在という瞬間を友人としたいか、敵としたいか？　現在という瞬間は人生（生命）と切り離すことができないのだから、実は人生（生命）とどんな関係でいたいかを決めることでもある。いまという瞬間を友人としたいと決めたら、まずあなたが働きかけるべきだ。それがどんな姿で現れようとも、友人らしく歓迎すること。そうすればどうなるかはすぐにわかる。人生（生命）はあなたの友人として接してくれる。人々は親切になるし、状況は都合よく展開する。一つの決断があなたの現実をまるごと変化させる。だがこの決断は何度も繰り返ししなければいけない――それが自然な生き方になるまで。

**現在という瞬間を友人としようという決断は、エゴの終わりを意味する。**エゴは決して現在という瞬間と仲良くできない。ということは、人生（生命）と調和できないということだ。エゴの本質は「いま」を無視し、抵抗し、貶《おとし》めるようにできている。エゴは時間のなかで生きている。エゴが強ければ強いほど、人生はいっそう時間に支配される。そうなるといつも過去か未来のことばかりを考え、自分がどんな人間かが過去によって決定され、自己実現を未来に頼ることになる。恐怖、不安、期待、後悔、罪悪感、怒りなどは、意識が時間に縛られて機能不全状態になっていることを示している。

現在という瞬間に対するエゴの対応は三つある。目的のための手段として対応する、障害として対応する、敵として対応する、の三つだ。順番に見ていこう。そうすれば、あなたのなかにいずれかのパターンが作動したときに気づくことができるだろうし、そのパターンを壊そうという決断もできる。

エゴにとって、現在という瞬間はせいぜい目的のための手段でしかない。もっと大事だと考える未来に連れていってくれる手段だ。ただしその未来は現在という瞬間として到来する以外になく、したがって未来は頭のなかの思考としてしか存在しない。言い換えれば、このパターンが働いていると、あなたはいつもどこかに行こうとして忙しく、決して「いま、ここに」腰を落ち着けることはできない。

このパターンがひどくなると（そういうことはまったく珍しくない）、現在という瞬間が克服すべき障害に見えてくる。そこで苛立《いらだ》ちや欲求不満、ストレスが生じるのだが、私たちの文明では、それが多くの人の日常、あたりまえの状態になっている。こうなれば人生は「問題」で、あなたは問題だらけの世界に暮らし、問題を解決しなければ幸せになれず、満たされず、ほんとうに生き始めることもできないと思い込む。ところが問題を一つ解決するたびに、次の問題が現れる。現在という瞬間を障害として見ている限り、問題に終わりはない。人生、つまり「いま」という時は、「あなたの期待どおりになってあげるよ」と言う。「あなたがとる姿勢に応《こた》えよう。あなたが問題だと思うなら、私は問題になる。障害だと思うのなら、障害になる」と。

最悪なのは（これもまったく珍しくない）、現在という瞬間に敵として対応することだ。自分がしていることが嫌だとか、状況に不満だとか、起こっていることや起こったことを憎んでいるとき、あるいは頭のなかの対話がこうすべきだとかすべきでないという判断や不満や非難であふれているとき、あなたは「あるがままのいま」に反論し、すでにある現在に文句をつける。人生を敵に仕立てているので、人生のほうも「闘いが望みなら、闘わせてやろう」と応じる。外部的な現実はつねにあなたの内的な状態の反映だから、あなたは当然、敵対的な世界を経験する。

**「私は現在という瞬間とどんな関係にあるだろう？」と、始終自分に問いかけることが大切だ。そしてしっかりと観察して答えを見つけなくてはいけない。**私は「いま」を目的のための手段にしているのか？　それとも障害として見ているのか？　敵にしてはいないか？　現在という瞬間、それは唯一あなたが手にしているもので、人生は「いま」と不可分だから、これは人生とどんな関係にあるかという問いかけなのだ。この問いは、エゴの仮面をはいで「いまに在る」状態を取り戻すのにとても役に立つ。この問いには絶対的な真実はないが（つきつめれば、私と現在の瞬間とはひとつなのだから)、正しい方向を指し示してはくれる。必要がなくなるまで、何度でも問いかけてみてほしい。

現在という瞬間との機能不全の関係は、どうすれば克服できるか? **いちばん大事なのは、自分に、自分の思考や行動に機能不全があると見極めることだ。それを見抜くことができ、自分と「いま」との関係が機能不全だと気づけば、そのときあなたは「いまに在る」。事実を見極めることで、「いまに在る」状態が立ち上がる。機能不全を見抜いた瞬間、その機能不全は解体し始める。**ここに気づいたとき、そうだったのかと笑い出す人もいる。見極めることによって選択する力が生じる。「いま」にイエスと言い、友人にするという選択ができる。

## 時間のパラドックス

現在という瞬間は外形的には「いま起こっていること」だ。そしていま起こっていることはつねに変化しているから、人生の日々は違うことが起こるおびただしい瞬間からできているように見える。時間は終わりのない瞬間の連続で、その瞬間には「良い」瞬間も「悪い」瞬間もあると感じるだろう。だがもっとよく観察してみると(自分の直接的な経験だけを見つめてみると)、そんなにたくさんの瞬間があるわけではないことがわかる。**あるのは「この瞬間」だけだ。人生とはつねに「いま」なのである。あなたの人生のすべてはいつも「いま」展開して**

**いる。過去や未来の瞬間もあなたが思い出したり予想したりするときにしか存在しないし、思い出も予想もいまこの瞬間に考えている。つまりは、いまこの瞬間しかないのだ。**

それではなぜ、たくさんの瞬間があるように思うのだろう？　それは現在という瞬間を、起こっていること、中身と混同しているからである。「いま」というスペースが、そのスペースで起こっていることと混同されている。現在という瞬間を中身と混同することで、時間という幻想だけでなくエゴという幻想も生まれる。

ここに時間のパラドックスがある。いっぽうでは、時間という現実を否定することはできない。ここからあそこに行くのにも、食事の支度をするのにも、家を建てるのにも、本書を読むのにだって時間が必要だ。成長するのにも、新しいことを学ぶのにも時間がいる。何をするにしても時間がかかる。すべては時間のしもべであり、いずれはシェークスピアの言う「残酷な暴君という時間」があなたの息の根を止める。それはあなたを巻き込んで流れる怒り狂う奔《ほん》流《りゅう》のようなもの、あるいはすべてを焼き尽くす炎のようなものだ。

先日、長年ご無沙汰《ぶさた》だった古い友人一家に出会い、衝撃を受けた。こんなふうに聞きたくなったくらいだ。「あなたがたは病気なのですか？　何があったんです？　誰にこんな目にあわされたのですか？」。母親は杖《つえ》をついて歩いていたが、身体は小さく縮み、顔は干しリンゴのように皺《しわ》だらけだった。最後に会ったときには元気いっぱいで前向きで若さと未来への期待に弾んでいた娘は、三人の子どもを育てて疲れ果てているように見えた。そこで私は思い出したのだ。この前この一家に会ってからなんと三十年の月日が流れている。彼らをこんなふうにしてしまったのは時間だ。そして向こうもまた、私を見てショックを受けたに違いない。

**すべては時間の影響を受けずにはいないが、しかしすべては「いま」起こる。これが時間のパラドックスだ。**何を見ても――腐っていくリンゴを見ても、バスルームの鏡に映るあなたの顔と三十年前の写真を比較しても――時間という現実を思い知らされるような証拠があふれているが、しかし直接的な証拠は絶対に見つからない。時間そのものを経験することはできない。経験できるのは現在という瞬間、あるいはその瞬間に起こることだけなのだ。直接的な証拠だけを探すなら、時間はなくなり、「いま」だけが存在する。

## 時間を消去する

エゴのない状態を将来の目標にして努力することはできない。そんなことをしても、いつまでたっても目的地に到達せず、目的の状態を「達成」できなくて満たされない思いが募り、内的な葛藤《かっとう》が激しくなるだけだ。エゴからの解放が将来的な目標である限り、あなたは自分にさらに多くの時間を与えることになるが、さらに多くの時間とはエゴのさらなる肥大を意味している。スピリチュアルな探求と見えるものが、実は姿を変えたエゴではないかと慎重に観察する必要がある。「自己」を解消しようという努力さえもが、それを将来の目標にするときには、もっと「自己」を肥大させようとする努力になる可能性がある。**自分にもっと多くの時間を与えるとは、「自己」に多くの時間を与えることだ。この時間とは過去と未来で、心がつくり出した偽りの自己であるエゴが生きる糧であり、その時間はあなたの心のなかにある。**「現にそこに」ある客観的な何かではない。時間は五感による認識のために必要な、現実的な目的に不可欠の心の構造ではあるが、しかし自分自身を知るうえでは最大の障害である。時間とは人生の水平軸、現実の表層だ。だが人生には深さという垂直軸もある。垂直軸には現在という瞬間を入り口として近づくしかない。

だから自分に時間を与える代わりに、時間を取り除こう。意識から時間を消去することは、エゴを消去することでもある。それだけが真のスピリチュアルな実践なのだ。

時間の消去と言ったが、もちろん時計で計られる物理的な時間のことではない。こちらは約束をしたり旅行の計画を立てるために現実的に利用される時間だ。時計で計る時間なしには、いまの世界ではほとんどやっていけない。ここで言っているのはこの時間ではなく、心理的な時間の消去ということだ。心理的な時間とは、不可避の現在の瞬間と調和して生きて人生（生命）と一体になればいいのに、そうしようとはせず、際限なく過去と将来に拘泥《こうでい》するエゴイスティックな心のことである。

**人生に言い続けてきたノーがイエスに変わるたび、あるがままのこの瞬間を受け入れるたびに、あなたは時間とエゴを解体する。**エゴが生き延びるには時間を——過去と未来を——現在という瞬間より重要なものにしなければならない。望みがかなった直後というほんの短期間を除けば、エゴは現在という瞬間を許容して親しくなることはできない。しかもどんなことをしても、エゴを長いあいだ満足させてはおけない。エゴに人生を支配されている限り、二種類の不幸が襲ってくる。一つは望みがかなわない不幸、もう一つは望みがかなう不幸である。

現在の状態や起こっていることは、「いま」がとる形だ。あなたが心のなかでそれに抵抗している限り、その形、つまり世界は、形を超えたあなた自身、形のない一つの「生命」（それがあなただ）とあなたを隔てる、突破不可能な障害になる。「いま」がとる形に心のなかでイエスと言えば、その形が形のない世界への入り口になる。世界、神とあなたを隔てる障害はなくなる。

人生がこの瞬間にとっている形にいちいち反応し、「いま」を手段、障害、敵にしていると、形としてのアイデンティティ、つまりエゴを強化することになる。エゴの反応を助長する。エゴの反応とは何か？　反応に嗜癖《しへき》し、反応せずにはいられないということだ。この瞬間の形にエゴ反応すればするほど、あなたは形にからめとられる。形に自分を同一化すればするほど、エゴが強くなる。そのとき、あなたの「大いなる存在」が形を超えて輝き出すことはなくなる――あるいは、ごく稀《まれ》になる。

形に抵抗しないと、あなたのなかの形を超えたものがすべてを包み込む「いまに在る」状態として現れる。それは短期間に消滅する形との同一化（個人）よりもはるかに大きな沈黙の力だ。そして、形の世界のどんなものよりも深い意味でのあなたなのである。

## 夢を見る人と夢

無抵抗は宇宙最大の力を開く鍵である。その力によって、意識（スピリット）が形から解放されて自由になる。（どんな状態、どんな出来事でも）形に対する内なる無抵抗は、形の絶対的なリアリティの否定だ。抵抗すると、形への自分の同一化であるエゴを含め、世界と世界のものごとはますます実際よりもリアルに、頑強に、永続的に見えてくる。世界とエゴに重みと絶対的な重要性を付与してしまい、自分自身と世界を非常に深刻に受けとめることになる。そうすると形の世界の動きを生存競争と誤解し、その誤解がそのままあなたの現実になる。

起こっている多くの出来事、人生（生命）がとる多くの形は、もともとつかの間の儚《はかな》いものでしかない。すべては移ろいゆく。ものごとも、身体とエゴも、出来事も、状況も、思考も、感情も、欲望も、野心も、不安も、ドラマも……すべてはやってきて、重要そうなそぶりを見せるが、気づかないうちにまたやってきた無へと消えていく。そんなものが現実だろうか？そんなものは夢、形という夢ではないのか？

朝、目覚めると夜のうちに見た夢は消えている。「ああ、ただの夢だった。ほんとうじゃなかった」と私たちは思う。だが、夢のなかの何かは現実だったはずだ。そうでなければ夢を見るはずがない。死が近づいたとき、私たちは人生を振り返り、それもまた一場の夢ではなかったかと思うだろう。それどころか、たったいまでさえ、昨年の休暇や昨日のドラマを思い返してみると、昨夜の夢のようなものに感じられるのではないか。

夢があり、夢を見る人がいる。夢は形がつかの間演じるドラマだ。それがこの世界である。相対的な現実ではあるが、絶対的な現実ではない。いっぽう夢を見る人がいる。こちらは形が現れては去る場、絶対的な現実だ。この夢見る人は個人ではない。個人も夢の一部だ。夢を見る人とは、そこに夢が現れる、夢を可能にする基盤である。それが相対性の陰にある絶対性、時間の陰にある無時間、形の陰にある意識だ。夢を見る人とは意識そのものである——それがあなただ。

夢のなかで目覚めること、それが私たちのいまの目的だ。私たちが夢のなかで目覚めたら、エゴが創《つく》り出した地球上のドラマは終焉《しゅうえん》し、もっと穏やかなすばらしい夢が立ち現れる。それが新しい地である。

## 限界を超える

誰の人生にも形のレベルでの成長や拡大を追求する時期がある。身体的な弱さや金銭的乏しさなどの限界を克服しよう、新しい知識や技能を獲得しよう、創造的な活動を通じて自分にとっても他者にとっても力強くて新しい何かをこの世界に提供しようと努力する時期だ。それは音楽や芸術作品、書物となって、あるいは提供するサービスや遂行する機能、創設したり決定的な貢献をするビジネスや組織となって現れるかもしれない。

**あなたが「いまに在る」とき、関心が充分に「いま」に注がれているとき、その在り方があなたの行動に流れ込んで、変容をもたらす。**そのような行為は良質で力強いだろう。あなたの行為が何かの目的の(金や名声や勝利の)ためではなく、行為の遂行そのものが目的で、そこに喜びや活気を感じているなら、あなたは「いまに在る」。もちろん、現在という瞬間と友人にならなければ、「いまに在る」ことはできない。「いまに在る」こと、これがネガティブな翳《かげ》りのない効果的な行為の基盤である。

**形は限界を意味する。私たちが地上に生を受けたのは、その限界を経験するためばかりではなく、意識のなかで限界を乗り越えて成長するためでもある。**外的なレベルで乗り越えられる限界もあるが、そのまま抱えて生きることを学ぶしかない限界も人生にはある。そのような限界は内的にしか乗り越えることができない。誰でも遅かれ早かれそのような限界にぶつかるだろう。そういう限界にぶつかると、人はエゴイスティックな反応の罠に落ちるか(これは激しい不幸を意味する)、あるがままを無条件で受け入れることで内的に乗り越えて優位に立つ。それが私たちに与えられた課題なのだ。あるがままを意識のなかで受け入れると、人生の垂直軸の次元、深さの次元が開かれる。そしてその垂直軸の次元から何か、無限の価値をもつ何か、そういうことがなければ埋もれたままだったはずの何かがこの世に現れる。厳しい限界を受け入れた人々のなかには、ヒーラーやスピリチュアルな指導者になる人もいる。また人間の苦しみを減らし、この世に創造的な贈り物をもたらすために、自分を捨てて努力する人もいる。

一九七〇年代後半、私は毎日のように一人、二人の友人と、当時学んでいたケンブリッジ大学大学院のカフェテリアで昼食をとっていた。そのときに近くのテーブルに車椅子《くるまいす》の男性がいるのを見かけることがあった。男性はいつも三、四人の人たちと一緒だった。あるとき同じテーブルで向かい合わせになったことがあり、ついその男性をしげしげと見て、ひどく驚いた。彼はほぼ全身が麻痺《まひ》しているらしかった。身体には力が入らず、首もがっくりと前に垂れている。付き添いの人たちの一人が食べ物を口に運んでやるのだが、その大半は別の付き添いが男性のあごの下に差し出す小さな皿にこぼれ落ちる。ときおり車椅子の男性がうめき声のようなものを発すると、誰かがその口元に耳を近づけ、なんと彼の言わんとしていることを他の人に伝えるのである。

そのあと私は友人に、車椅子の男性が何者か知っているかと尋ねた。「もちろん知っているさ」と彼は答えた。「数学の教授でね、付き添っているのは教え子の院生だよ。身体じゅうで麻痺が進行する運動神経の病気にかかっているんだ。医者は五年もてばいいほうだと言ったらしい。あれ以上つらい運命ってないだろうな」。

数週間後、カフェテリアから出ようとして、その男性が入ってくるのと出会った。電動車椅子を通すためにドアを押さえている私と彼の目が合った。彼の目があまりに澄んでいるのに、私はびっくりした。そこには不幸のかけらもなかった。私はすぐに、彼は抵抗を完全に放棄していると感じた。彼はありのままをすべて受け入れている。

それから何年もたって、キオスクで新聞を買っているとき、その男性が大手の国際ニュース雑誌の表紙になっているのを見てまたびっくりした。彼、スティーヴン・ホーキングはまだ生きていたばかりでなく、世界で最も有名な理論物理学者になっていたのである。記事のなかには、何年も前に彼の目を見て私が感じたことを裏づける見事な一文があった。自分の人生について尋ねられて、彼は（音声合成装置の助けを借りて）こう答えたという。「これ以上、何を望めるだろう？」。

## 生きる喜び

不幸やネガティブ性はこの地球上の病気だ。外的環境の汚染にあたるものが、人の心のネガティブ性である。それは人々が貧しい場所だけではなくどこにでも、それどころか人が充分以上のものをもっている場所に多く見受けられる。意外だろうか？ そんなことはない。豊かな世界のほうが形への同一化が進行しているし、中身に囚われ、エゴの罠に深く落ち込んでいる。

幸福になれるかどうかは自分に起こる出来事しだいだと、つまり幸福は形に依存していると、人は信じている。何が起こるかなど、この宇宙で最もあてにならないことだと気づいていない。起こる出来事はつねに変化しているのに。人々は、現在の瞬間が、何か起こってはならないのに起こったことによって損なわれているとか、起こるべきだったのに起こらなかったことのゆえに欠陥があると思う。そのために人生（生命）本来の深い完全性を、つねに目の前にあり、起こったことや起こらないことを、つまり形を超えて存在している完全性を見逃す。いまこの瞬間を受け入れ、どんな形よりも深くて時間によって侵されることのない完全性を見出さなければいけない。

**生きる喜び（真の幸福はこれだけだ）は形や所有や達成や人間や出来事を通じてもたらされはしない——起こる出来事を通じてもたらされることはあり得ない。**その喜びは外からもたらされることは決してない。それはあなたのなかの形のない次元から、意識そのものから放出されるものであり、したがってあなたと一体だからである。

## エゴの縮小

エゴはつねに自分が小さくなるのではないかと警戒している。縮小しそうだと感じると、自動的なエゴ修復装置が働いて、「私」の精神的な形を回復させる。誰かに非難されたり批判されると、エゴは縮んだと感じ、すぐに自己正当化、防御、非難によって小さくなった自己意識を修復しようと図る。相手が正しいか間違っているかはどうでもいい。エゴの関心は、真実よりも自己保存のほうにある。「私」の心理的な形の維持が大事なのだ。路上でドライバーに「馬鹿やろう」と言われて怒鳴り返すというごくふつうの行動も、自動的かつ無意識なエゴ修復メカニズムなのだ。このメカニズムでいちばんありふれているものの一つが怒りで、怒りには一時的だが強烈なエゴ拡大効果がある。すべての修復メカニズムはエゴにとっては完璧に筋が通っているのだが、実は機能不全の行為である。この機能不全の行為のなかでもとくに極端なのが、物理的暴力や誇大妄想という形の自己欺瞞《ぎまん》だろう。

**力強いスピリチュアルな実践は、エゴが縮小したときに修復しようとせず、意識的に縮んだままにしておくことだ。**ときおり実行してみることをお勧めする。たとえば誰かに批判されたり、非難されたり、悪口を言われたとき、すぐに報復や自己防衛を試みない——何もしないでおく。自己イメージが縮んだままにしておき、そのとき自分の奥深いところでどんな感情が起こるかを観察する。数秒間は自分自身が小さくなったという不快感があるかもしれない。しかしそのあと、生命力に満ちた広々としたスペースを感じるのではないか。あなたはまったく縮んでなどいない。それどころか拡大した。そこで驚くべきことに気づくだろう。なんらかの意味で自分が小さくなったように思えても、それに対して（外部に対してだけでなく内的にも）まったく反応せずにいると、実は確かなものは何も縮小しておらず、それどころか「小さく」なったことでかえって大きくなる。自己防衛したり自分自身の形を強化しようとしないでいると、形への自己同一化から、つまり精神的な自己イメージから離れることができる。**（エゴが）「小さくなる」ことによって、あなたは逆に拡大し、「いまに在る」状態が立ち現れる場所ができるのだ。**そのとき、形を超越した真の力、真のあなたが、弱くなったかに見える形を通じて輝き出す。イエスが「自分を捨てなさい」「もういっぽうの頬《ほお》を差し出しなさい」と言ったのは、このことである。

もちろんこれは虐待に甘んじろとか、人々の無意識の犠牲になりなさいという意味ではない。状況によっては、相手にきっぱりと「やめろ」と言わなければならないこともあるだろう。エゴイスティックな自己防衛でなければ、あなたの言葉には反発力ではない力があるはずだ。必要ならば断固としてはっきりと「ノー」と言ってもいい。これはすべてのネガティブ性を排した、いわば「質の高いノー」である。

とくにひとかどの人間になろうとか目立とうと思わないでいれば、あなたは宇宙の力と自分を調和させることができる。エゴにとって弱点に見えるものは、実は唯一の真の力なのだ。このスピリチュアルな真実は、現代文明の価値観やその文明に条件づけられた人々のふるまいと正反対のところにある。

山であろうとするよりも「[4]天下の深い谷間であれ」と老子は教えている。そうすれば全体性を回復することができて「[5]すべてに満たされるだろう」と。

同じようにイエスは、あるたとえ話のなかでこう教える。「[6]招かれて行ったなら、いちばん末席に座りなさい。そうしたら招いた人がやってきて、友よ、どうぞもっと上席に進んでください、と言うだろう。そこであなたは同じテーブルの人々すべての前で面目をほどこす。誰でも自分を高くする者は低くされ、自分を低くする者は高くされるからである」。

この実践のもう一つの方法は、自己意識を強化しようとして自分を見せびらかしたり、目立とうとしたり、特別な存在であろう、強い印象を与えよう、関心を引こうとしないことだ。その一環として、誰もが意見を言い合っているとき、自分は意見を述べるのを控えていて、それで何を感じるかを観察することも含まれるだろう。

## 外も内も

澄んだ夜空を見上げれば、実にシンプルでしかもとてつもなく深い真実にすぐに気づく。そこに見えるのは何か？　月や星、輝く銀河、ときには彗星《すいせい》や二百三十万光年かなたのアンドロメダ銀河もほの見えるかもしれない。そう、だがさらに単純化したら何が見えるか？　宇宙空間に浮かぶ物質だ。それでは宇宙は何からできているのか？　物質と空間である。

澄んだ夜空の宇宙空間を見上げて言葉を失わないとしたら、あなたはほんとうには見ていない。そこにある全体性に気づいていない。たぶん物質だけを見て、その名前を探している。宇宙空間を見上げて畏怖《いふ》の念に打たれ、この理解しがたい謎《なぞ》を前にして深い畏敬の念を感じたとすれば、あなたはその瞬間、宇宙空間の物質だけではなく、空間そのものの底知れない深さを感じ取ったはずだ。そして無数の世界が存在する空間の広大さに気づくことができるほど、あなたの内側も静謐《せいひつ》になっているだろう。畏敬の念は、無数の世界が存在するという事実からではなく、その世界を包含する深さによってもたらされる。

もちろん、空間を見ることはできないし、聞くことも触れることも味わうことも嗅《か》ぐこともできない。それならどうして空間が存在するとわかるのか？　この一見論理的な質問にはすでに基本的な間違いが潜んでいる。空間の本質は何もないこと、無だから、それは言葉のふつうの意味では「存在」していない。存在するのはモノ——形——だけだ。だから、空間と呼ぶのも誤解のもとである。名づけることによって、相手をモノ化してしまうからである。

では、こういう言い方をしてみよう。**あなたのなかには空間と親和性をもつ何かがあり、だから空間に気づくことができる。**おわかりだろうか？　これも完全な真実とは言えない。空間には気づくべき何ものもないのであれば、どうして空間に気づくことができるのか？

答えはシンプルだが奥深い。**空間に気づくとき、あなたは何も気づいていないが、気づきそれ自体に気づいている——気づき、すなわち意識の内なる空間である。あなたを通じて、宇宙はそれ自身に気づくのだ！**

見るべきものが何もないと、その無が空間として感知される。聞くべきものが何もないと、その無が静寂として感知される。形を感知するようにつくられた五感が形の不在に出会ったとき、感覚の奥に存在してすべての感知、経験を可能にしている形のない意識は、もはや形にくらまされることがない。空間の限りない深さを考え、日の出直前の沈黙に耳を澄ますとき、あなたのなかで何かがそれらを認識したというように共振する。するとあなたは空間のとてつもない深さを自分の深さとして感じ取り、形のない貴重な静寂のほうが、あなたの人生をつくりあげている中身よりもはるかに自分自身であることを知る。

古代インドの聖典ウパニシャッドは、この真実をこんなふうに描いている。

> [7]目には見えず、しかし目が見ることを可能にしているもの：それだけが宇宙原理ブラフマンであり、人々がこの世で崇《あが》めているものではないことを知れ。耳で聞くことはできず、しかし耳が聞くことを可能にしているもの：それだけが宇宙原理ブラフマンであり、人々がこの世で崇めているものではないことを知れ……。心で考えることはできず、しかし心が考えることを可能にしているもの：それだけが宇宙原理ブラフマンであり、人々がこの世で崇めているものではないことを知れ。

聖典は、神は形のない意識で、あなたの本質であると述べている。その他はすべて形であり、「人々がこの世で崇めているもの」なのだ。

宇宙の——モノと空間からなる——二重の現実は、あなた自身の現実でもある。分別があってバランスのとれた実りある人生は、現実をつくりあげている二つの側面――形と空間――のあいだのダンスだ。多くの人たちは形の面に、知覚や思考や感情に自分を同一化しているので、大切な残りの半分が隠されて欠け落ちたままになる。形との自己同一化のために、エゴの罠から出られない。

**あなたが見て、聞いて、感じて、触れて、考えることはすべて、いわば現実の半面でしかない。**形だ。そちらはイエスの教えのなかでシンプルに「この世」と呼ばれているもので、残る面は「天の王国あるいは永遠の生命」と呼ばれている。

空間がすべてのモノの存在を可能にするように、また静寂がなければ音もあり得ないように、あなたも大切な本質である形のない側面なしには存在できないはずだ。この言葉がこれほど誤用されていなければ、それを「神」と言ってもいい。私は「大いなる存在（Ｂｅｉｎｇ）」と呼びたい。「大いなる存在（Ｂｅｉｎｇ）」は事物の存在に先行する。事物の存在とは形であり、中身であり、「起こっていること」だ。事物の存在は生命（人生）の前景で、「大いなる存在」はいわば生命（人生）の背景にあたる。

人類の集団的な病は、人々があまりに起こることに囚われ、移ろう形の世界に魅了され、人生の中身にばかり夢中になって、中身を超え、形を超え、思考を超えた本質を忘れていることである。また人々は時間に振り回されて永遠を忘れている。永遠が真のあなた自身の生きた現実なのだ。

数年前、私は中国を訪れ、桂林《けいりん》に近い山の上の仏舎利塔《ぶっしゃりとう》に詣《もう》でた。塔に金色の文字が彫ってあったので、何と書いてあるのかと中国人の友人に尋ねた。「佛」と書いてあるのです、ブッダという意味ですよ、と彼は答えた。「この文字は二つの部分からなっていますね、なぜですか?」。私は尋ねた。「一つはニンベンで『人間』を表しています。そしてツクリのほうの弗は『あらず』、つまり否定を意味しているのですよ。この二つを組み合わせるとブッダという意味になります」。私は感心した。ブッダを表す漢字にはすでにブッダの教えそのものが含まれている。そして見る目をもった者には人生(生命)の秘密を明かしている。ここには現実をつくりあげる二つの側面、思考と無思考が、形と形の否定が、そしてあなたは形ではないという認識が記されているのである。

第八章

# 内なる空間の発見

# これもまた過ぎ去る

スーフィ教徒たちに伝わる古い物語によれば、中東のある王様はしょっちゅう幸福と意気消沈を繰り返していた。ちょっとしたことで動転して激しい反応を起こし、幸福はあっというまに落胆から絶望へと変わる。やがて王様もそんな人生がほとほと嫌になり、なんとか脱出できないかと考え、使いを出して、悟りを開いたと評判の賢者を呼び寄せた。賢者がやってくると、王様は言った。「私はあなたのようになりたい。人生に調和と静謐《せいひつ》と智恵をもたらしてくれるものはないか。あるなら望み通りの報酬をとらせるが」。

賢者は答えた。「そのようなものはないこともありません。しかし報酬となると王国すべてをいただいても足りないでしょう。だからお受けくださるなら、贈り物として差し上げましょう」。王様はぜひ欲しいと答え、賢者は立ち去った。

数週間後、賢者は戻ってきて王様にヒスイに彫刻を施した美しい箱を渡した。開けてみると、箱のなかにはシンプルな金の指輪が入っていて、指輪には文字が彫り込まれていた。こんな言葉だった。「これもまた過ぎ去るだろう」。「どういうことか？」。王様は尋ねた。賢者は答えた。「いつもこの指輪をはめておられることです。そして何かが起こったら、それが良いことか悪いことかを決める前に、指輪に触れてこの言葉をお読みになるのです。そうすれば、いつも平和な気持ちでいることができます」。

これもまた過ぎ去るだろう。この簡単な言葉にそれほど大きな力があるのだろうか？　ちょっと考えると、これは困ったときには多少の慰めにはなっても、良いことが起こったときにはかえって人生の喜びを半減させてしまうように思われる。「あまり有頂天《うちょうてん》になるな。これもまた過ぎ去るのだから」と言っているように聞こえるからだ。

この言葉の深い意味は、前出の二つの物語と合わせて考えるとよくわかる。いつも「ほう、そうか？」としか答えなかった禅の老師の物語は、目の前の出来事に抵抗しない——起こった出来事をまるごと受け入れる——ことのすばらしさを教えている。また、いつも「そうかもしれない」という簡潔な返事をした男性の物語は、判断しないという知恵を、そして先の指輪の物語は、すべては無常であり移ろうものと知れば執着せずにすむことを教えているのである。

**抵抗しない、判断しない、そして執着しない。この三つは真の自由の、そして悟りを開いた生き方の三つの側面なのだ。**

指輪に記された言葉は、人生の良いときを楽しむなと言っているわけでもないし、苦しいときの気休めを提供しているわけでもない。この言葉にはもっと深い意味がある。すべての状況は変化し、すべての形は（良いものも悪いものも）一時的でしかないと気づきなさいということだ。すべての形は無常であると気づけば、形に対する執着も、形への自分の同一化も減る。執着しないとは、この世界が提供してくれる良いものを楽しまないことではない。それどころか、もっと楽しむことができる。すべては無常で変化が不可避であることを知って受け入れれば、楽しいことを失うのではないかと恐れたり将来を心配したりせずに、楽しいことが続いているあいだは楽しむことができる。執着しない人は人生の出来事の罠《わな》に落ちる代わりに、すべてを見通す一段高い視点に立つことができる。広大な宇宙空間に浮かぶ地球を見つめて、地球はこのうえなく貴重だが、同時に一つの惑星にすぎないという逆説的な真実に気づく宇宙飛行士のようなものだ。これもまた過ぎ去るだろう、という認識は無執着につながり、無執着によって人生に新しい次元――内なる空間――が開かれる。執着せず、判断せず、内なる抵抗をやめることで、その次元に近づくことができるのだ。

**形への全面的な同一化から離れると、意識――本来のあなた――が形という牢獄《ろうごく》から解放される。この解放が内なる空間の誕生だ。**たとえ悪いことが起こっているように見えるときでも、この空間は静寂と不思議な平安をもたらしてくれる。これもまた過ぎ去るだろう、と。さまざまな出来事、現象のまわりに、ふいに空間ができる。感情の起伏や苦痛にさえも、そのまわりに空間が生まれる。何よりも、あなたの思考のまわりに空間が生じる。その空間から「この世のものならぬ」平安がにじみ出る。この世は形であり、この平安は空間だから。それが神の平安である。

そうなればこの世界の出来事を楽しみ尊重しても、そこに本来あるはずのない重要性や意味を見出したりはしなくなる。創造のダンスに参加して結果に執着せずに活動し、私を満たしてくれ、私を幸せにしてくれ、安全だと思わせてくれ、私が何者かを教えてくれ、という理不尽な要求をしなくなる。この世界はそんな要求には応《こた》えられないし、そういう期待を捨てれば、自分で創《つく》り出している苦しみはすべてなくなる。そんな苦しみはいずれも形の過大評価と、内なる空間次元を知らないことから生まれている。あなたの人生に内なる空間の次元が生じれば、感覚の喜びに溺《おぼ》れも執着もせずに、つまりこの世界に嗜癖《しへき》せずに、ものごとを楽しむことができる。

**これもまた過ぎ去るだろう、という言葉は、現実への道標だ。すべての形は無常であると示すことで、逆に永遠をも指し示している。あなたのなかの永遠なるもの、それだけが無常を無常と認識できる。**

内なる空間を失ったり、知らずにいると、この世界のものごとをやたらと重要だと考え、本来あるはずのない深刻さや重さをはらんでいるように思う。形のない次元から見ないと、この世界は脅威で、ついには絶望するしかない場所になる。「[1]すべてのことはものうい。人は語ることさえできない」と言った旧約聖書の預言者も、そう感じていたに違いない。

## モノの意識と空間の意識

たいていの人の人生は物質的なモノやしなければならないこと、考えるべきことなどのものごとでいっぱいだ。そういう人生はウィンストン・チャーチルが「ろくでもないことの連続」

と評した人類史のようなものだろう。その人たちの心は思考で散らかっていて、次から次に思考が押し寄せてくる。これがモノの意識の次元で、多くの人々にとっての圧倒的な現実であり、だから彼らの人生はまったくバランスを欠いている。地球に正気を取り戻し、人類が運命をまっとうするために、モノの意識に対して空間の意識でバランスをとらなくてはならない。この空間の意識の台頭、それが次の段階の人類の進化である。

**空間の意識とは、モノの意識——要するに知覚、思考、感情——をもつと同時に、その底流に目覚めているということだ。**この目覚めは、ものごと（モノ）を意識するだけでなく、自分が意識している存在であることをも意識することである。前景でものごとが起こっていても、その背景に内なる静寂があると感じ取れれば、それが空間の意識である！　誰にでもこの次元はあるが、ほとんどの人はまったく気づいていない。私はときどき、こんなふうに指摘する。「あなたは自分自身が『いまに在る』と感じていますか？」。

何かの出来事や人や状況に動転するとき、ほんとうの原因はその出来事や人や状況そのものではなく、空間（スペース）だけが可能にする真の視点が失われることだ。そのとき、あなたはモノの意識に囚《とら》われて、時を超越した意識そのものである内なる空間を見失う。これもまた過ぎ去るだろう、という言葉を道標にすると、その内なる次元を取り戻すことができる。

もう一つ、真実への道標としてこんな言葉がある。「[2]私は自分の思考のせいで動揺したりはしない」。

## 思考より下、思考より上

ひどく疲れたときなど、いつもより穏やかなリラックスした気分になることがある。これは思考が後退し、心が創り出した問題だらけの自己を思い出さなくなるからだ。そのとき、あなたは眠りに近づいている。お酒やある種のドラッグでも（ペインボディの引き金にならなければ）気楽なリラックスした気持ちになるし、しばらくはいつもより元気になって歌ったり踊ったりするかもしれない。歌や踊りは大昔から人生の喜びの表現だった。心という重荷が少し取り去られて、「いまに在る」喜びを垣間見るのだ。だからこそ、アルコールは「スピリット」とも呼ばれるのだろう。だが、それには無意識という高い代償が伴う。思考より上に上るのではなく、思考より下に墜落するのだ。もう何杯か重ねれば、植物状態に退行してしまうだろう。

空間の意識は、こういう「いってしまった」状態とはあまり関係ない。どちらも思考を超えた状態で、それは共通する。しかし基本的な違いは、前者は思考より上に上るのに対して、後者はそれより下に落ちることである。いっぽうは人間の意識の進化の次のステップであり、もういっぽうは大昔に脱した段階への退行なのだ。

## テレビと意識

テレビを見るのは世界じゅうの大勢の人々が大好きな余暇活動、というか不活動だ。六十歳の平均的なアメリカ人は、生涯の十五年分をテレビ画面を見つめて過ごしている計算になるという。他の多くの国でも同じような数字が出るだろう。

たくさんの人々がテレビを見ていると「リラックス」できると感じる。自分自身をよく観察してみると、テレビ画面に関心を集中している時間が長くなるほど思考活動が棚上げになり、トークショーやクイズ番組、連続ドラマ、それどころかコマーシャルでも、見ている時間には心のなかで何の思考も生まれていないことがわかるだろう。もう自分の問題を覚えていないことはもちろん、一時的には自分自身からさえも解放されている。これ以上にリラックスできることがあるだろうか？

それでは、テレビを見ていると内なる空間が生まれるか？　それによって、いまに在ることができるか？　残念ながらそうはいかない。あなたの心は長時間、何の思考も生み出さないかもしれないが、その代わりにテレビ番組の思考活動とつながれている。テレビ版の集団的な心とリンクされて、その思考を思考している。心が活動していないといっても、自分の思考を生み出してはいないというだけのことで、依然としてテレビ画面から思考やイメージを吸収し続けている。そこには催眠状態に似ていなくもない、受け身でぼうっとした、きわめて影響されやすい状態がある。だからこそ、テレビは「世論」操作に利用される。広告業者だけでなく政治家や種々の利害関係者もテレビが人々をぼんやりした受け身の状態にできることを知っていて、そのために大金を払うのも辞さない。彼らは自分たちの思考をあなたに植えつけようと考え、ふつうは成功する。

したがってテレビを見ているときは、思考より上に上るのではなく、思考より下に落ちる傾向がある。この点でテレビは、アルコールやある種のドラッグと同類だ。ある程度は心から解放してくれるが、意識の喪失という高い代償を支払わなければならない。それにドラッグと同じで強い依存性がある。テレビを消そうとリモコンに手を伸ばしたはずなのに、気づけばあちこちとチャンネルを替えている。三十分たっても一時間たっても、あなたはあいかわらずチャンネルを替えながらテレビを見続けているだろう。電源を切るボタンだけはどうしても押せないかのように。

ふつうテレビを見続けているのは、おもしろいからではなく、逆に興味がもてる番組がないからなのだ。いったんテレビ依存症になると、番組がつまらないほど、無意味なほど、ますます依存が激しくなる。興味深くて思考を刺激する番組であれば、あなたの心は自ら思考を始めるだろう。これなら多少は意識が働くから、テレビが引き起こす催眠状態よりはまだましだ。画面のイメージに完全に没入しているのではないから。

ある程度良質な番組であれば、ときには催眠状態に対抗し、心を麻痺《まひ》させるテレビというメディアの効果を解消してくれることもあるだろう。人々の暮らしを良いほうに変えて、心を開き、意識を高めてくれるような、多数の人々に非常に役立つ番組もないではない。とくに内容のないコメディ番組でさえ、人間の愚行とエゴを諷刺《ふうし》し茶化すことで、はからずもスピリチュアルな効果をもたらすことがある。そんな番組は何事であれあまり深刻に受けとめず、軽やかに人生と取り組みなさいと教えてくれるし、何よりも笑わせてくれる。笑いは人を癒《いや》し、自由にする大きな力をもっている。だがほとんどのテレビ番組はいまも完全にエゴの支配下にある人々にコントロールされているから、視聴者を眠らせる、つまり無意識にさせて支配することがテレビの密《ひそ》かな目標になっている。しかしテレビというメディアには膨大な、いまもほとんど開拓されていない大きな可能性が存在する。

二、三秒ごとに変わるイメージで速射攻撃してくる番組やコマーシャルを見るのはやめたほうがいい。テレビのなかでもとくにそのような番組の見すぎが、いま全世界の大勢の子どもたちに広がっている注意力欠陥障害の大きな原因になっている。関心の持続時間が短いと、すべての知覚や人間関係が浅薄で不満足なものになる。そんな状態ではすることなすことすべての質が落ちる。関心がなければ質の高さは保てないからだ。

しょっちゅう長時間テレビを見ていると、無意識になるばかりでなく受け身になって、エネルギーが枯渇する。だから手当たりしだいに見るのではなくて、番組を選ばなくてはいけない。ときにはテレビを見ながらでも、自分の身体のなかの生命の躍動感を感じ取ろうと試みることだ。あるいはときどき呼吸に関心を向けてみる。また視覚を完全にテレビに占領されないように、ときどきテレビ画面から目を離す。聴覚を圧倒されないように、音量は必要以上に大きくしない。コマーシャルのあいだは消音にしておく。またテレビを消してすぐには就寝しないほうがいい。つけっぱなしで寝るのはもっと良くない。

## 内なる空間の認識

あなたもときおりは思考と思考のあいだの空間が生じているのに、自分では気づいていないのかもしれない。経験に振り回され、形に、つまりモノの意識にばかり自分を同一化するよう条件づけられていると、最初はその空間に気づくことがとても難しい。要するにいつもほかのことに気を取られているから、自分自身に気づけない。つねに形に振り回されているのである。自分自身に気づいているように見えるときでも、自分自身をモノとして、思考の形として見ているから、気づいている対象はその思考であって、あなた自身ではない。

内なる空間のことを耳にしたら、探したくなるかもしれないが、モノや経験を探すように探しても決して見つかりはしない。これはスピリチュアルな認識や悟りを求めるすべての人々が陥るジレンマだ。だからこそイエスは言った。「神の国は目で見える道しるべを伴って来るのではなく、また『ほら、ここにある！』『あそこにある！』というようなものでもない。神の王国はあなたがたのなかにあるのだから」。

目が醒《さ》めているあいだじゅう不満や不安や心配や鬱《うつ》や失望やその他ネガティブな状態で過ごしているのでなく、たとえばシンプルな雨や風の音を楽しむことができるとしたら、空を流れる雲を美しいと眺め、ときには一人でいても寂しさを感じず、娯楽という精神的な刺激物も必要としないとしたら、何も求めずに親切に対応する赤の他人のように自分自身を見られるとしたら……ふつうなら絶え間ない思考の流れで占領されている心に、ほんの一瞬であれ空間が開かれたということだ。そのときには、たとえかすかであっても静かな生き生きとした安らぎが感じられる。その安らぎは、背景にやっと感じ取れる充足感から古代インドの聖賢がアナンダと呼んだ「いまに在ることへの歓喜」まで、度合いはさまざまだろう。

形だけに関心を向けるように条件づけられていると、間接的にしかこの安らぎに気づけない。たとえば美を理解し、シンプルなものごとを評価し、一人でいることを楽しみ、愛情をもって親切に人に接するという能力のいずれにも共通する要素がある。その共通の要素とは、これらの経験を可能にする見えない背景としての充足感、平和、躍動する生命感である。

人生における美や優しさやシンプルなものごとの良さを認識できたときには、その経験の背景として自分のなかに何があるのかを観察しよう。ただし、モノを探すように探してはいけない。それは「ああ、こんなものがあった」とわかるようなものでも、精神的に把握して定義できるものでもない。それはまるで雲ひとつない空のようなものだ。形のない空間であり、静謐であり、「いまに在る」楽しさであり、同時にこれらの言葉をはるかに超えていて、言葉はただそれらを指し示す道標でしかない。自分のなかに直接感じることができれば、それらはさらに深くなる。だから何かシンプルなものを——音や光景や感触を——評価したとき、美を目にしたとき、他者への愛情あふれる心遣いを感じたとき、その経験の源泉であり背景である内なる広やかさを感じてみよう。

**歴史を通じて詩人や賢者は、真の幸福——私はそれを「いまに在る喜び」と呼ぶ——がシンプルで一見ささやかなものごとのなかにあることを見抜いていた。**ほとんどの人たちは何か意味があることが起こらないかとそわそわしていて、ささやかなことを（ほんとうはぜんぜんささやかではないかもしれないのに）見落とす。哲学者のニーチェは珍しく静かな深い落ち着きを経験したとき、こう書いた。「幸せには、幸せになるためには、ほんのささやかなことで充分なのだ！　……まさしくごくささやかで穏やかなちょっとしたこと、滑るように動くトカゲの気配、吐息、挙動、一瞥《いちべつ》——そんな小さなものが最高の幸せをもたらす。静かであれ！」[4]

ではなぜ「ごく小さなこと」が「最高の幸せ」をもたらすのか？　実は真の幸せはこのようなものごとや出来事によって引き起こされるのではない（最初はそう感じるかもしれないが）。これらのものごとや出来事はごくささやかで控えめだから、意識のほんの一部しか占領しない。そこで残るのが内なる空間、形に邪魔されない意識そのものである。**内なる意識空間とあなたの本質とは同じひとつのものだ。**言い換えればささやかなものごとは、内なる空間の余裕を与える。そしてこの内なる空間、条件つきではない意識そのものから、真の幸福、「いまに在る」喜びが輝き出す。だが小さくて穏やかなものごとに気づくためには、あなたの内側が静かでなければならない。鋭敏さが要求される。静かであれ。見よ。耳を澄ませ。いまに在れ。

内なる空間を発見する方法がもう一つある。意識を意識することだ。「私は在る（I Am）」と考えるかつぶやき、あとは何も付け加えない。「私はある（I Am）」のあとに続く静けさを感じ取ろう。自分の存在を、何もまとわない素裸の自分自身を感じよう。そこには老若、貧富、善悪、その他いかなる付属品もない。それはすべての創造、すべての形を生み出す広々とした子宮である。

## 谷川のせせらぎが聞こえるか？

ある禅の老師が弟子を連れて無言で山道を歩いていた。杉の老樹が生えているところまで来ると、二人は腰を下ろし、握り飯と野菜の簡素な食事をとった。食後、まだ禅の謎《なぞ》を解く鍵《かぎ》を見出していなかった弟子の若い僧が沈黙を破って老師に尋ねた。「師よ、禅に入るためにはどうすればよろしいのですか？」。

もちろん弟子が尋ねたのは禅という意識の状態に入る方法のことだった。

老師はしばらく黙っていた。沈黙は五分近く続き、弟子はじりじりと答えを待った。もう一度尋ねようかと思ったとき、老師がふいに口を切った。「お前にはあの谷川のせせらぎが聞こえるか？」。

弟子はそれまで、せせらぎに気づいていなかった。禅の意味について考えるのに一生懸命だったからだ。ところがそう言われて耳を澄ますと、騒がしかった心の雑音がやんだ。最初は何も聞こえない。そのうち思考が減退していって意識が研ぎ澄まされ、ふいに遠いかすかな川の瀬音が聞こえてきた。

「はい、いま聞こえました」。弟子は答えた。

老師は指を立て、厳しいと同時に慈愛にあふれた目で弟子を見た。「そこから禅に入りなさい」。

弟子ははっとした。彼にとっては最初の悟りの一瞬だった。彼はそれが禅であるとは知らずに禅を知ったことに気づいたのだ。

二人はまた黙って旅を続けた。弟子は自分の周囲に広がる生き生きとした世界に驚いていた。すべてを初めて経験するような気分だった。やがて彼は再び考え出した。研ぎ澄まされた静謐が精神的な雑音にかき消された。ほどなく弟子はまた質問をした。「師よ。私は考えておりました。さっき、せせらぎが聞こえないと私が答えたら、師は何とおっしゃったのでありましょうか？」。

老師は立ち止まり、弟子を見て指を立てた。「そこから禅に入りなさい」。

## 正しい行動

エゴはこう問う。どうすればこの状況を使って自分の要求を満たせるのか、あるいは自分の要求を満たす別の状況に変えることができるか？

**「いまに在る」とは、内に広がりがある状態だ。**「いまに在る」とき、あなたはこう問う。どうすれば自分はこの状況の、この瞬間の要求に応えられるだろう？　実は、そんなことを問う必要はない。あなたは静かで意識が研ぎ澄まされた、あるがままのいまに対して開かれた状態でいる。そのときあなたは状況に新しい次元を、空間をもち込む。そして見て、聞く。状況とひとつになる。状況に対して反応するのではなく、状況とひとつになると、解決策は自ずと現れる。実際には見て聞いているのはあなたという個人ではなく、研ぎ澄まされた静寂そのものだ。すると行動が可能であるなら、あるいは必要であるなら、あなたは行動を起こすだろう。と言うか、行動があなたを通じて起こるだろう。

正しい行動とは、全体にとって適切な行動だ。行動が完了したとき、研ぎ澄まされた広やかな意識はそのまま残る。誰もガッツポーズを取って「やったぞ！」と叫んだりはしない。「見ろ、私がやったんだ」などと言う者は誰もいない。

すべての創造性は、内なる広がりから生じる。創造が行われて、何かが形になったら、そこに「私に（ｍｅ）」だの「私のもの（ｍｉｎｅ）」だのが現れないように気をつけなくてはいけない。自分のしたことを自分の手柄にしようとすれば、エゴが戻ってきて、せっかくの広がりが邪魔される。

## ただ認識する

だいたい人は自分の周囲の世界にほとんど気づいていないし、慣れ親しんだ環境ならとくにそうだ。関心の大半は頭のなかの声に吸い取られている。知らない場所や外国に旅行すると生き生きする人がいる。旅先だと思考よりも感覚的な認識――経験――のほうが意識の大きな部分を占めるから、より「いまに在る」ことができる。だが旅先でも完全に頭のなかの声に占領されている人もいる。そういう人たちは瞬間的な判断で認識や経験を歪《ゆが》めてしまう。彼らは実はどこにも出かけてはいない。身体が旅をしているだけで、当人はいつもいるところ、自分の頭のなかにいる。

ほとんどの人の現実はこうだ。何かを認識するとすぐに、幻の自己であるエゴがそれに名前をつけてラベルを貼《は》り、解釈し、何かと比較し、好悪《こうお》や善悪を決める。この人たちは思考の形に、モノの意識に閉じ込められている。

**この無意識の強迫的なラベル貼りがやまない限り、少なくともその行為に気がついて観察できるようにならない限り、スピリチュアルな目覚めはない。**この休みないラベル貼りによって、エゴは観察されない心としての場所を維持している。ラベル貼りをやめるか、その行為に気づけば、内なる空間ができ、もう心に完全に占領されることはなくなる。

身近なモノ——ペン、椅子《いす》、カップ、植木など——を選んで観察してみよう。好奇心と言えるような強い関心をもって見つめるのだ。個人的な思い入れの強い、買ったときのことやもらった人など過去を思い出させるモノは避ける。また本やボトルのように文字があると思考を刺激するので、これも避けよう。緊張せずリラックスして、しかし感覚を研ぎ澄まして、すべての関心をモノに注いで観察する。思考が混ざってきても、それに巻き込まれてはいけない。認識から思考を追放することができるだろうか？　頭のなかの声のコメントなしに、結論を出したり、比較したり、何かをそこから引き出そうとせずに、ただ観察することができるか？　二分ほど観察したら、今度はいまいる場所に視線を向けて、目に入る一つ一つのモノに観察眼を向けてみよう。

つぎに物音に耳を澄ます。周囲のモノを観察したのと同じ姿勢で聞いてみる。自然の音——水音や風の音、鳥のさえずり——が聞こえるかもしれないし、人工の音が聞こえるかもしれない。心地よい音も耳障りな音もあるだろう。だが良い音だとか悪い音だとか、区別をつけてはいけない。解釈なしに、ただ音を聞く。ここでもリラックスした、しかし研ぎ澄まされた感覚が鍵だ。

こんなふうに見たり聞いたりしていると、最初はほとんど気づかないような不思議な静謐さが生まれることがわかるかもしれない。背景の静寂として感じ取る人もある。安らぎと呼ぶ人もいる。意識のすべてが思考に吸収されなくなると、残された部分は形のない、条件づけのない、本来の状態のまま留《とど》まる。それが内なる空間である。

## 経験しているのは誰？

見る、聞く、味わう、触る、嗅《か》ぐという感覚的認識の対象はもちろんモノである。これが経験だが、それでは経験している主体は誰なのか？　たとえばあなたの答えが、「もちろん、それは私、ジェーン・スミス、上級会計士で四十五歳、離婚経験あり、二児の母親、アメリカ人、これが経験の主体ですよ」なら、あなたは間違っている。ジェーン・スミスという精神的な概念と同一化されているその他の事柄も、経験の対象であって主体ではない。

すべての経験には三つの要素が考えられる。感覚的認識、思考あるいは精神的イメージ、そして感情だ。ジェーン・スミス、上級会計士、四十五歳、離婚経験あり、二児の母親、アメリカ人、これらはすべて思考で、したがってそれを考えている瞬間のあなたの経験の一部なのだ。このどれも、また自分自身について語ったり考えたりするすべても、経験の対象であって主体ではない。あなたは何者かというこのような定義（思考）ならいくらでも増やせるし、そうすればあなた自身という経験の複雑さは増大する（同時にかかりつけの精神分析医の収入も増える）だろうが、そんなやり方では、すべての経験に先立ち、それがなければどのような経験も成り立たない存在である主体には行きつかない。

それでは経験しているのは誰なのか？　あなただ。あなたとは何者なのか？　意識である。意識とは何か？　この質問には答えられない。質問に答えた瞬間、対象をねじまげてモノ化することになる。意識とは伝統的な言葉で言えばスピリット（霊）で、言葉の通常の意味で「知る」ことはできない。探しても無益だ。「知る」ということはすべて、二元性の領域――主体と客体、知るものと知られるものがある世界――の話だ。主体、私（I）、それなしには何も感じられることも認識されることも知られることも思考されることもない「知る者」は、永遠に知られないままに存在するしかない。「私」には形がないからだ。知ることの対象になり得るのは形だけだが、形のない次元がなければ形の次元も存在できない。**形のない次元とは、世界が立ち現れては消える明るい空間である。その空間が生命であり、「私は在る」ということだ。そこには時間はない。「私は在る」も永遠で、時間を超越している。その空間で起こることは相対的であり、一時的である。喜びと苦しみ、獲得と喪失、生と死だ。**

内なる空間発見の最大の障害、経験の主体を見つけるうえでの最大の障害は、経験に没入するあまりに自分自身を失うことである。要するに、意識が自分の夢に呑《の》み込まれてしまう。あらゆる思考、感情、経験に占領され、まるで夢のなかにいるような状態になる。何千年ものあいだ、人間にとってはこの状態がふつうだった。

意識を知ることはできないが、自分自身として意識を意識することはできる。どんな状況でも、どこにいても、直接的に感じ取ることができる。いまここに在る自分、「いまに在る」自分として、たとえばこのページの言葉が認識され思考になる場、内なる空間として感じられる。それが土台の「私は在る」ということだ。読んだり考えたりしている言葉は前景で、「私は在る」は基部、すべての経験や思考や感情を支える背景である。

## 呼吸

思考の流れを中断して、内なる空間を発見しよう。この中断がないと、思考は創造の火花のない平凡な繰り返しになるが、いまでも地球上のほとんどの人はそんな状態にいる。中断の長さは気にしなくていい。数秒でも充分だ。努力しなくても、中断時間はだんだん長くなっていく。大事なのは長さよりも頻度で、日々の活動や思考の流れをこの空間で頻繁にさえぎることである。

先日、ある人にスピリチュアルな大きな組織の事業計画を見せてもらった。実にさまざまな興味深いセミナーやワークショップが用意されていて壮観だった。見ているとスカンジナビアのビュッフェ、スモーガスボードを連想した。さまざまなご馳走《ちそう》のなかから好きなものを選んで食べる、というあれである。見せてくれた人は、どれか推薦できそうなコースはないかと私に尋ねた。「さあ、どうだろう。どれもなかなかおもしろそうだがね。しかし、これだけは言える」と私は答えた。「できるだけ頻繁に、思い出すたびに自分の呼吸を観察してみること。これを一年続けてごらん。そうしたらここに書いてあるすべてのコースに参加するよりも効き目があるよ。それに無料だしね」。

呼吸を観察するというのは、思考から関心を引き離して空間をつくることだ。意識を喚起する方法の一つである。意識は外に現れないまま、まるごとあなたのなかにあるのだが、その意識を私たちの次元に引き出すのだ。

呼吸を観察してみよう。呼吸を感じてみる。空気が動いて身体のなかに入っていくのを感じる。息を吸ったり吐いたりするたびに、胸と腹がわずかに広がったり収縮したりするのを感じる。一つの呼吸を観察するだけでも、それまでは途切れない思考が続いていたところに空間ができる。意識的な一呼吸(二度三度とすればもっといいが)、これを一日のうちにできるだけ多く繰り返す。これは人生に空間をつくるすばらしい方法だ。ただ、二、三時間呼吸瞑想法《めいそうほう》を実践したところで(そういう人たちもいる)、必要なのは一つの呼吸を観察することだけだし、気づくことができるのもそれだけだ。あとは記憶や予測、つまりは思考である。呼吸はあなたの行為というよりは自然な出来事で、それを観察するだけのことだ。呼吸は意図しなくても起こっている。身体のなかの知性が起こしている。あなたはそれを観察するだけ。緊張も努力もいらない。それから呼吸の短い中断に注目してみる。とくに息を吐き終わったあとに、再び吸うまでのわずかな中断を観察しよう。

多くの人は呼吸が不自然に浅い。呼吸に気づけば気づくほど、呼吸は自然な深さを取り戻す。呼吸には形がないから、昔からスピリット（霊）と――形のない生命と――同一視されてきた。[5]「神は土地のちりで人を形づくり、その鼻に生命の息を吹き込まれた。そこで人は生き物となった」。ドイツ語の呼吸――ａｔｍｅｎ――は古代インドの言葉であるサンスクリット語で内なる聖霊と神を意味するアートマンから来ている。

呼吸には形がないという事実も、呼吸の観察が人生（生命）に空間を創り出す、つまり意識を生み出すきわめて効果的な方法である理由の一つだ。呼吸はモノでなく形がないからこそ、瞑想のすばらしい対象となる。もう一つ、呼吸の観察が効果的な理由は、呼吸がごくささいなあたりまえに見える現象であることで、ニーチェが言う「最高の幸せ」をもたらす「小さなもの」だからだ。正式な瞑想法として呼吸観察を実行するかどうかはあなたが決めればいい。しかし正式な瞑想法も、日常生活のなかに空間の意識を取り入れる代わりにはならない。

**呼吸を観察すると、いやおうなしにいまこの瞬間に「在る」ことになる――これがすべての内なる変容の鍵なのだ。**呼吸を観察するとき、あなたは絶対的に「いまに在る」。それに、考えながら呼吸を観察することはできないことにも気づくだろう。意識的に呼吸すると心が停止する。それは茫然《ぼうぜん》自失とか半睡状態とは大違いで、完全に目覚め、意識が研ぎ澄まされている。思考より下に落ちるのではなく、思考の上に上るのである。そしてさらによく観察すると、この二つは――完全にいまこの瞬間に在ることと、意識を失わずに思考を停止することは――実は同じことだと気づくだろう。空間の意識の現れである。

## 依存症

長いあいだにしみついた強迫的な行動パターンを依存症と呼ぶなら、依存症は半実在、身代わりの存在、定期的にあなたを完璧《かんぺき》に支配するエネルギーの場としてあなたのなかに生きている。あなたの心と頭のなかの声も占領される。そうなると頭のなかの声は依存症の声になる。その声はこんなふうに言うだろう。「今日も大変な一日だった。ご褒美があってもいい。どうして人生に残されたたった一つの楽しみまで諦《あきら》めなくちゃいけないの?」。気づきが欠如し、この内なる声に自分を同一化していると、気がついたら冷蔵庫を開けてカロリーの高いチョコレートケーキに手を伸ばしていることになる。場合によっては依存症が思考する心を完璧に飛び越えてしまい、ふと気づいてみたらタバコや酒を手にしている。「あれ、どうしてこんなものをもっているんだろう?」。まったく無意識のうちにタバコを取り出して火をつけたり、酒をグラスに注いでしまう。

あなたに喫煙、過食、飲酒、テレビやインターネット依存のような強迫的な行動パターンがあるなら、次のようにしてみるといい。強迫的な衝動が起こるのを感じたら、立ち止まって、三回、意識的に呼吸する。こうすると気づきが生じる。次にしばらくのあいだ、強迫的な衝動そのものを自分のなかのエネルギー場として観察する。そしてなんらかの物質を摂取したい、取り入れたい、なんらかの強迫的な行動を実行に移したいという肉体的、精神的欲求そのものを意識して感じる。それからまた数回、意識的に呼吸する。そのあとは強迫的な衝動が——そのときだけは——消えているかもしれない。あるいは衝動のほうが強くて抵抗できず、やっぱり行動に移してしまうかもしれない。その場合でも、それを問題と考えないほうがいい。さきほど説明したように、依存症を気づきの実践の一部にしてしまおう。気づきが強まっていけば依存症のパターンは弱くなり、いずれは消える。ただし、依存症の行動を（ときにはきわめて巧みに）正当化しようとする考えが生じたら、すぐに気づかなくてはいけない。そんな主張をしているのは誰か、と自問しよう。依存症そのものだとわかるはずだ。それがわかって、心の観察者として「いまに在る」ことができれば、依存症にだまされて言うなりになる危険は少なくなる。

## 内なる身体への気づき

生活のなかでこの内なる空間を見つけるためのもう一つのシンプルな、しかし非常に効果的な方法も、呼吸と密接に関連している。身体に入ったり出たりする空気の流れを感じ、胸と腹のふくらみと縮みを感じることで、内なる身体にも気づくことができる。そうすると関心は呼吸から、身体のなかに存在し全体へと広がっていく生命感を感じることへと移るかもしれない。

**たいていの人はあまりに思考に気をとられ、頭のなかの声に自分を同一化しているので、自分のなかの生命感を感じられなくなっている。**物質的な身体を動かしている生命、自分自身である生命を感じられないなんて、こんなひどいことはない。だから人はこの本来の幸せな状態の代替物を求めるだけでなく、いつもちゃんとあるのに見すごしている生命感と触れ合えないことからくる不安をごまかそうとする。ある人は代替物を求めてドラッグでハイになり、大音量の音楽を聞くなどして五感を過剰に刺激し、スリルや危険な行動やセックスに溺れる。人間関係の波乱までがこの真の生命感の代わりに使われることがある。また多くの人がつねに背景にうごめく不安をごまかそうとしてすがるのが、親密な人間関係だ。「私を幸せにしてくれる」男性あるいは女性である。もちろんそんな期待は「失望」に変わることがほとんどだ。そして再び不安が甦《よみがえ》ると、人はたいていパートナーを責める。

二、三度、意識的に呼吸してみよう。内なる身体を浸している微妙な生命感を感じ取れるだろうか？　自分のなかにある身体を感じられるだろうか？　順番に身体の各部に意識を向けてみよう。手を感じ、次に腕を、脚を、足を感じてみる。腹、胸、首、頭を感じられるだろうか？　唇は？　そこに生命感はあるだろうか？　次にもう一度内なる身体全体を感じてみる。目を閉じていたほうがやりやすい人もいるだろうが、自分のなかの身体を感じたら、今度は目を開けて、身体を感じながらあたりを見回してみよう。読者のなかには目を閉じる必要がなくて、このページを読みながら内なる身体を感じられる人もいるだろう。

## 内なる空間と宇宙空間（アウタースペース）

内なる身体は固体ではなくて広がり、物理的な形ではなく、物理的な形を動かしている生命である。身体を創り出して支えると同時に、人間の心ではほんの一部しか理解できないような複雑でおびただしい機能を調整している知性なのだ。あなたがそれに気づいたというのは、その知性そのものが自らに気づいたということである。それは科学者には発見できない（それは探求している意識自体だから）、捉《とら》えどころのない「生命」そのものなのだ。

物理学者が発見した通り、物質が密な固さをもっているように見えるのは、実は人間の五感がつくり出した幻想である。この物質には肉体も含まれる。私たちは肉体を形として考え感じているが、その九十九・九九パーセントは空っぽの空間なのだ。原子の大きさと比べると原子と原子の空間はこれほどに大きいし、その原子のなかにもまた広大な空間がある。密な物質としての肉体というのは誤解でしかない。それはいろいろな意味でミクロ版の宇宙空間なのだ。それでは、宇宙空間における天体と天体のあいだの広がりはどれほど大きいのか。一秒間に十八万六千マイル（三十万キロ）進む光は、月から地球まで一秒ちょっとで到達する。太陽の光は約八分で地球に届く。そして宇宙で私たちにいちばん近い隣人であるプロキシマ・ケンタウリ星（私たちの太陽に最も近い別の太陽）の光が地球に届くのには四・三年かかる。これが私たちを取り巻く空間の大きさだ。さらに銀河と銀河のあいだの空間となると、もう理解を超える。私たちの銀河にいちばん近いアンドロメダ銀河の光が届くのには二百三十万年かかるのだ。あなたの身体がこの広大な宇宙空間と同じように広々とした空間でできているとは、実に驚くべきことではないか？

したがってもっと突っ込んで考えてみると、**形であるあなたの肉体は本質的には形ではない。内なる空間、インナースペースへの入り口だ。**内なる空間には形はないが、生き生きとした生命がある。その「空っぽの空間」は充実した生命で、そこからすべてのものが生じる隠れた源なのだ。伝統的な言葉を使うなら、その源とは「神」である。

思考や言葉は形の世界に属している。だから形のないものは表現できない。したがって、「私は自分の内なる身体を感じることができる」というのは、思考が創り出した誤解である。実際に起こっているのは、身体として現れている意識――「私は在る」という意識――がそれ自身を意識したということだ。「私は在る」という私（I）を一時的な形としての「私（I）」と混同しなくなると、無限にして永遠の次元――神――が「私（I）」を通じて立ち現れ、「私（I）」を導く。さらに形への依存から解放してくれる。だが、「この形、これは私（I）ではない」と知的に認識し、あるいは信じても役に立たない。大事なのはいまこの瞬間、内なる空間の存在を感じられるか、つまり「いまに在る」自分自身を感じ、「いまに在る」ことが自分なのだと感じることができるか、ということである。

あるいは別の道からこの真実にたどりつくこともできる。こう自問してみよう。**「私はこの瞬間に起こっていることばかりでなく、すべてが起こる場、時間を超えた生きた内なる空間として、いまこの瞬間を感じているだろうか?」**。この質問は内なる身体とは何の関係もないように見えるかもしれないが、いまという空間に気づくと、同時に自分のなかでも生き生きとした生命感を感じることに驚かれるはずだ。内なる身体の生命感を、「大いなる存在」の喜びと不可分の生命感を感じるのである。身体を超えるためには身体に入っていき、自分が「身体ではない」ということを知らなくてはならない。

**毎日の生活のなかでできるだけ内なる身体に気づき、空間を創ろう。**何かを待っているとき、誰かの話を聞いているとき、空や木を見上げているとき、花を、パートナーを、子どもを見ているとき、それと一緒に自分のなかの生命感を感じよう。これは関心あるいは意識の一部を形のない次元に留めて、残りを外の形の世界に向けることを意味する。こうして自分の身体のなかに「住まう」ことは、いまこの瞬間に在るための錨《いかり》として役立つ。思考や感情や外部的な状況のなかで自分を見失わないですむ。

考え、感じ、感知し、経験しているとき、意識は形として生じる。思考、感情、感覚認識、経験への輪廻《りんね》である。仏教徒がいずれはそこから脱したいと願う輪廻はつねに起こり続けている。そこから――「いまに在る」という力を通じて――脱出することができるのは、いまこの瞬間しかない。いまという形を全面的に受け入れることで、あなたは内なる空間、いまの本質と調和する。この受容を通じて、あなたは内なる広がりになる。形ではなく空間と調和する。それによって人生に真の視点とバランスが生まれる。

## ギャップに気づく

人は一日じゅうさまざまなものを見たり聞いたりしている。何かを見たとき、あるいは聞いたとき（それが見慣れない、聞き慣れないものであればとくに）、心が見聞きした対象に名をつけて解釈するより前に、ただ関心が向けられて知覚が生じる瞬間がある。それが内なる空間だ。その瞬間の長さは人によって違う。たいていは一秒にも満たないほんの一瞬なので、多くの人は見逃してしまう。

そこではこんなことが起こっている。新しい光景あるいは音が立ち上がり、それを知覚する最初の瞬間に習慣的な思考の流れが中断する。知覚の必要性に応じて、意識は思考から逸《そ》れる。とくに目新しい光景、耳慣れない音だと、呆然《ぼうぜん》として「言葉を失う」。思考の中断時間が長いためである。

この空間の頻度と長さで、人生を楽しむ能力、他の人々や自然との内なるつながりを感じる能力が決まる。エゴとはこの空間次元に対する意識の完全な欠如を意味するから、どこまでエゴから解放されるかによっても違ってくる。

自然に起こるこの短い空間を意識できるようになると、その空間は長くなっていく。そうなればぜんぜんあるいはほとんど邪魔されずに知覚する喜びを頻繁に味わうことができる。周囲の世界が新しく、新鮮で、生き生きとして感じられる。抽象化、概念化という精神的なスクリーンを通して人生（生命）を認識すればするほど、周囲の世界は生気を失った単調なものになる。

## 自分自身を発見するために自分を捨てる

内なる空間は、形に自分を同一化しなくてはならないという思いを捨てるたびに生じる。形に同一化しなくてはならないというのはエゴの必要性であって、真の必要性ではない。これについては前にも簡単に触れた。そういう習慣的なパターンを捨てるたびに、内なる空間が現れる。真の自分自身になる。これはエゴにとっては自分を失うことと感じられるが、実は反対だ。イエスは、自分自身を発見するためには自分を失わなければならない、と教えた。形への同一化というパターンを一つ捨てるたびに、形のレベルの自分を重視しなくなるたびに、あなたは形を超えてもっと豊かになる。少なくなることによって、豊かになるのだ。

人々が無意識に形への同一化を強化しようとするやり方がある。充分に目覚めていれば、こういう無意識のパターンを自分自身のなかに発見できるだろう。自分がしたことを認めろと要求し、認めてもらえないと怒ったり動転すること。自分の問題や病気について語りあるいは騒ぎたてて関心を引こうとすること。聞かれもしないのに、また状況に変化を起こすこともできないのに、意見を述べること。他者そのものよりも、その他者に自分がどう見られているかを気にすること、つまり他者を自分のエゴの投影先、あるいは強化策として使うこと。所有物や知識、容貌《ようぼう》、地位、肉体的力などによって他者に感銘を与えようとすること。何かあるいは誰かに対する怒りの反応によってエゴを一時的にふくらますこと。ものごとを個人的に解釈して不機嫌になること。心のなかで、あるいは口に出して無駄な不満を並べて、自分が正しくて相手が間違っていると決めつけること。注目されたい、重要人物だと思われたいと考えること。

こういうパターンが自分にあることを発見したら、ひとつ実験をしてみることをお勧めする。そのパターンを捨てたらどう感じるか、何が起こるかを観察するのだ。ただパターンを捨てて、結果を見ればいい。

形のレベルの自分を重要視しないのも、意識を生じさせるもう一つの方法だ。形への同一化にこだわらなくなったとき、あなたを通じてどれほど大きな力が世界に流れ出すかをぜひ発見していただきたい。

# 静寂

「静寂は神の言葉で、他はすべてその下手な翻訳にすぎない」という言葉がある。静寂とは、実は空間を表すもう一つの言葉だ。

人生で出会う静寂に意識的になると、自分自身のなかの形も時間もない次元、思考やエゴを超えた部分と触れ合うことができる。それは自然界に充満している静寂かもしれず、早朝の自室に広がる静寂、あるいは音がふと途絶えたときの静寂かもしれない。静寂には形はない。だから思考を通じて静寂に気づくことはできない。思考は形だ。静寂に気づくとは、静かに停止しているということだ。静かに停止しているとは、思考抜きの意識でいることだ。**静かに停止しているときほど、深い本質的な自分自身でいるときはない**。静かに停止しているとき、あなたは一時的に個人という心理的、精神的な形をとる前の自分になる。静かに停止しているとき、あなたは一時的な存在を超えた存在になる。無条件の、形のない、永遠の意識になる。

第九章

# 人生の目的は「何をするか」ではなく「何者であるか」

## 内なる目的と外部的な目的

人がただ今日を生き延びられればいいというレベルから脱すると、人生の意義や目的が大きな問題になる。日々の暮らしに追われて人生の意義など考えていられないと感じている人も多い。また、人生なんていつのまにか過ぎ去る、あるいは過ぎ去ってしまったと思っている人もいる。仕事が大変で、家族を養うのに忙しすぎて、あるいは経済問題や日々の問題に制約されて動きがとれないと感じている人もいるだろう。ある者は強いストレスに、ある者はどうしようもない退屈に押しつぶされているかもしれない。目の回るような多忙さのなかで自分を失っている者も、停滞のなかで自分を失っている者もいる。多くの人々が、金持ちになったら自由に伸び伸びと翼を広げられると憧《あこが》れる。すでに豊かさが与えてくれる相対的な自由を享受し、それだけでは意義ある人生にはならないと気づいた人たちもいるだろう。人生の真の目的を発見すること、これに代わるものはない。**しかし人生の真のあるいは第一義的な目的は、外の世界には見つからない。それはあなたが何をするかではなくて、あなたが何者であるかに、つまりあなたの意識状態に関わっている。**

そこで、いちばん大切なのは次のことに気づくことだ。あなたの人生には内なる目的と外部的な目的とがある。内なる目的は、あなたがどんな存在であるかに関わる。こちらが第一義的な目的。外部的な目的は、あなたの行動に関わる。こちらは二義的な目的。本書は主として内なる目的について語っているのだが、本章及び次章では人生の外部的な目的と内なる目的をどう調和させるかという問題を取り上げる。ただし内なる目的と外部的な目的は密にからみあっているから、いっぽうに触れずにいっぽうだけについて語るのはほとんど不可能なのだが。

**あなたの内なる目的はまことにシンプルだ。目覚めること。あなたはこの目的を地上のすべての人と分かち合っている。**これは人類の目的だからだ。あなたの内なる目的は全体の、宇宙の、現出しつつある知性の目的の一環で、それと不可分だ。外部的な目的は時とともに変わり得る。人によっても大きく違う。内なる目的を見出してそれと調和した生き方をすること、それが外部的な目的達成の土台だ。真の成功の基盤である。この調和がなくても、努力や苦闘、断固たる決意、この上ない勤勉、あるいは狡猾《こうかつ》さによってある種の目標を達成することはできるだろう。だがそこに喜びはないし、結局はなんらかの形の苦しみにつながる。

## 目覚め

**目覚めとは意識の変化であり、その変化した意識のなかで思考と気づきが分離する。**ほとんどの人にとって、これは一度限りの出来事ではなくて過程、プロセスとして訪れる。とつぜんの劇的で不可逆的な目覚めを体験する人も稀《まれ》にはいるが、そういう人たちでも実は新しい意識状態が徐々に流れ込んですべての行動が変化し、その意識状態が人生に取り込まれていくプロセスを経験しているはずだ。

目覚めると、思考に呑《の》み込まれて自分を失うことがなくなる。思考の背後にある気づきが自分だとわかる。すると思考はあなたを振り回して指図をする利己的で自律的な活動ではなくなる。思考の代わりに気づきが主導権を握る。思考はあなたの人生の主役ではなくなり、気づきに仕えるようになる。目覚めとは、普遍的な知性と意識的につながることだ。言い換えれば「いまに在る」こと、思考なしの意識である。

目覚めのプロセスは一つの恩寵《おんちょう》として始まる。自分で起こすことはできないし、そのための準備をしたり、そのために功績を積み重ねていくこともできない。きちんと段階を踏んでいけば到達できるというものではないのだ。もしそうなら精神は大喜びだろうが。そのためにふさわしい人間にならなければいけないというものでもない。目覚めのプロセスという恩寵は聖人より先に罪人に訪れるかもしれないが、しかし必ずそうだというものでもない。だからこそイエスは尊敬できる人々だけでなくあらゆる人々とつきあった。目覚めに関してあなたにできることは何もない。何かしようとしても、それは目覚めや悟りを価値ある所有物として獲得し、自分をもっと重要に大きく見せようとするエゴの試みになってしまうだろう。目覚める代わりに目覚めという「概念」を精神に付け足すか、目覚めた人や悟った人はこうだろうというイメージを描き、そのイメージ通りに生きようとするだけになる。自分や他人のイメージに合わせて生きることは、真正な生き方ではない。これもエゴの無意識が演じる役割にすぎない。

目覚めるために自分でできることはなくて、それはすでに起こっているかこれから起こるかのどちらかであるなら、どうして目覚めることが人生の第一義的な目的になり得るのか？　目的とはそれに向かって何か行動できることのはずではないか？

最初の目覚め、思考抜きの意識を一瞬であれ垣間《かいま》見ること、それだけがあなたの側の行為といっさい関わりなく恩寵として起こる。本書がちんぷんかんぷんだ、わけがわからないとお思いなら、あなたはまだ目覚めを体験していない。しかしあなたのなかで何かが反応するなら、なるほどそうだと感じるなら、すでに目覚めのプロセスは始まっている。プロセスがいったん始まれば、エゴに邪魔されて遅れることはあっても後戻りすることはない。本書を読むことでプロセスが始まる人もいるかもしれない。また本書がきっかけですでにプロセスが始まっていることに気づき、それを加速、強化する人もいるだろう。さらに本書を読んで、自分のなかにエゴがあって自分を支配しようとしたり目覚めを邪魔しようとしたりしていると気づく人もいると思う。人によっては、いままでずっと自分と同一化してきた習慣的な思考、とくにしつこいネガティブな思考にはっと気づくことから目覚めが始まる。思考に気づいていて、しかもその思考の一部ではない意識がふいに目覚める。

目覚めと思考はどんな関係にあるのだろう？　目覚めとは空間で、その空間が自らに気づいたとき、その空間に思考が存在することがわかる。

目覚め、あるいは「いまに在る」ことは、わかる人には直接的な体験として生じる。もう単なる精神的な概念ではない。そうなると無益な思考に耽《ふけ》るのではなく、「いまに在る」ことを意識的に選択できるようになる。「いまに在る」ことを人生に招き入れる、言い換えれば空間をつくることができる。目覚めの恩寵には責任が伴う。何事もなかったように生きていくこともできるし、目覚めの意義を理解して、自分の人生に起こった最も重要な出来事だと認識することもできる。それは自分で決めることだ。後者であるなら、現れた意識に向かって自分を開き、その光をこの世界に伝えることが人生の第一義的な目的になるだろう。

「私は神の心が知りたい」とアインシュタインは言った。「残りは瑣末《さまつ》なことだ」と。神の心とは何か？　意識である。神の心を知るとはどういうことか？　目覚めることである。瑣末なこととは何か？　外部的な目的、外部世界で起こるすべてである。

したがって、あなたが人生に何か意義のあることが起こらないかと待っているとき、実は人間に起こり得る最も有意義なことがすでに自分のなかで起こり、思考と気づきの分離のプロセスが始まっていることに気づいていないのかもしれない。

目覚めのプロセスの初期段階にある人たちの多くは、自分の外部的な目的が何なのかわからなくなる。世界を動かしているものには動かされなくなる。現代文明の狂気がはっきりと見えて、周囲から浮き上がったと感じるかもしれない。二つの世界を隔てる無人地帯にいるような気がする人もいるだろう。その人たちはもうエゴに動かされてはいないが、まだ目覚めが充分に人生に取り込まれていない。内なる目的と外部的な目的がひとつになっていないのだ。

# 内なる目的に関する対話

以下は人生の真の目的を求める人々と私が交わした対話の集約である。この対話とあなたの奥深くにある何かが共鳴するとしたら、その通りだと感じるものがあるとしたら、あなたの内なる目的と調和するとしたら、そこに真実がある。だからこそ内なる第一義的な目的にまず関心を向けていただきたいと思う。

「はっきりとはわからないが、人生を変えたいと思うんです。もっと伸び伸びと羽ばたいてみたい。何か意義のあることがしたい。そりゃお金も、お金が実現してくれる自由も欲しいです。何か意味のあること、この世界に役立つことをしてみたいとも思います。でも、実際のところ何がしたいのかと聞かれたら、わからないと言うしかありません。人生の目的を見つけたい。手伝ってもらえますか?」

「あなたの目的はここに座って、私と話すことでしょう。だっていまあなたはここにいて、私と話しているんですからね。あなたが立ち上がって別のことをするならそれはまた別ですよ。そのときはその別のことがあなたの目的になりますね」

「それじゃ私の目的は、これから引退するまで、あるいはクビになるまでの三十年間、オフィスにじっと座っていることなんですか?」

「あなたはいまオフィスにはいないでしょう。だからそれは目的じゃありません。オフィスにいて何かをしているなら、それがあなたの目的です。これから三十年間ではなくて、いまの目的ですがね」

「何か誤解があるみたいだな。あなたの言う目的とは、いましていることのようだ。私の言う目的は人生全体の目的、私の行動を意義あるものとしてくれるようなもっと大きくて意味のあるもの、人生を変える何かなんです。それはオフィスで書類をいじることじゃない。それだけはわかっているんです」

「**あなたが『いまに在る』ことに気づかない限り、行動だの未来だの、つまり時間の次元でばかり意味を探し続けるでしょう。**そこで意味や充足を発見したとしても、そんなものはいずれは解体したり、偽りだったということになりますよ。必ず時間とともに壊れていきますからね。時間のレベルで見出す意味には、相対的で一時的な真理しかないんです。

たとえば、子育てが人生に意味を与えてくれるとしましょう。でも子どもがあなたを必要としなくなったら、それどころかあなたの言葉に耳も貸さなくなったら、どうなりますか？　人を助けることがあなたの人生に意味を与えてくれるとしたら、人生に意味があるか、良い気分でいられるかは、あなたより困っている人しだいだということでしょう。あれこれに卓越すること、勝利すること、成功することが人生の意味なら、勝利できなかったり、ある日連勝にストップがかかったらどうなりますか。いずれはそうなるでしょう？　そうしたら想像や記憶にすがるしかない。それで人生にささやかな意味を与えようとしても、とても満足できないでしょうね。どんな分野であれ『成功する』ことに意味があるのは、ほかの数千人数百万人が失敗するからでしょう。するとあなたの人生を意味あるものにするには、他の人たちの『失敗』が必要だってことになる。

人を助けること、子どもを育てること、どんな分野でも卓越しようと努力することに価値がないと言っているのではありませんよ。こういうことはみな、多くの人にとっては大切な外部的な目的です。でも外部的な目的はつねに相対的で、不安定で、一時的です。だからって、そういうことをするなと言うのではありません。それを内なる第一義的な目的と結びつけなさい、そうすればあなたの行動にもっと深い意味が生まれますよ、と言っているのです。

第一義的な目的と調和して生きていないと、どんな目的も、地上に天国を創《つく》り出したいという目的でさえ、エゴに支配され、時とともに破壊されるでしょう。遅かれ早かれ苦しみにつながります。内なる目的を無視しているなら、何をしても、スピリチュアルに見えることをしたとしても、そこにエゴが忍び込みますから、結局は手段が目的を裏切ることになります。『地獄への道には善意という敷石が敷かれている』という言葉はこの真実を指しているのです。言い換えれば、**大切なのは目的や行動ではなくてそのもとにある意識の状態だということ**です。その基礎が築かれれば、あなたの目的や意図は宇宙の進化の動きとひとつになり、外部的な目的にスピリチュアルな力がみなぎるでしょう。

思考と気づきの分離、それが第一義的な目的の核心にあるのですが、これは時間の否定を通して起こります。もちろんここで言っているのは、時間を決めて会う約束をするとか旅行の計画を立てるというような実際的な意味での時間ではありません。そういう時計で計る時間ではなくて、心理的な時間、見つかるはずのない未来に充実した人生を求め、唯一のアクセスポイントである現在のこの瞬間を無視するという、心の奥底に巣食っている習慣のことです。

いましていること、いまいる場所を人生の主要な目的とみなすなら、あなたは時間を否定しているのです。これはとても大きな力ですよ。たったいましていることを第一に考えて時間を否定すると、内なる目的と外部的な目的、『在ること』と『行うこと』がつながります。時間を否定すると、エゴを否定することになるんです。何をするにしても、すばらしくうまくできます。行為そのものが関心の焦点になりますからね。そしてその行為は、意識がこの世界に入り込む通路になります。これはどういうことか。**どんなに単純な行為であっても、電話帳のペ**

**ージをめくるだけでも、部屋を横切るだけでも、その行為に質が伴うということです。**ページをめくる行為の主たる目的はページをめくること、二次的な目的は電話番号を見つけることです。部屋を横切るという行為の主たる目的は部屋の向こうへ行くこと、二次的な目的はあちらにある本を手に取ることで、本を手に取る瞬間には本を手に取ることが主たる目的になります。

以前お話しした時間のパラドックスを覚えていますか。何をするにしても時間がかかるが、しかし時間はいつも『いま』なのです。だから内なる目的が時間の否定でも、外部的な目的には未来が関わってくるし、時間なしには存在できません。でもそれはつねに二次的なんです。不安やストレスを感じるのは、外部的な目的に支配されて内なる目的を見失っているからです。いちばん大事なのはあなたの意識の状態で、あとはすべて二次的なことだというのを忘れているのです」

「そんなふうに生きていたら、大きなことを成し遂げようなんて思えなくなるんじゃありませんか？　どうでもいい小さなことに足を取られて一生が終わるんじゃないか、それが不安なんですよ。平々凡々のまま、何ひとつ大きなことを達成できず、自分の可能性を発揮できずに終わるのが嫌なんです」

「**大きなことは、小さなことを大切にするなかから生まれるんですよ。**どんな人の人生だって小さなことから成り立っているのです。偉大だとか立派だとかいうのは精神的抽象的な概念で、エゴの大好きな幻想です。ところが偉大なことの基本は、偉大という概念を追いかける代わりに、いまこの瞬間の小さなことを大切にすることなんです。逆説的ですがね。**いまこの瞬間はつねにシンプルで、その意味ではつねに小さいでしょうが、そこに偉大な力が秘められています。いまこの瞬間と自分自身を調和させたとき、そのときにだけ、その大きな力にアクセスすることができます。**と言うよりも、その力のほうがあなたにアクセスし、あなたを通じてこの世界にアクセスする、と言うほうが正確かもしれません。イエスが『私は、自分では何もできない』[1]と言ったのは、そういう意味です。不安やストレスやネガティブな精神はその力からあなたを切り離してしまう。自分は宇宙を動かしている力とは離れた別個の存在だという幻想が戻ってくる。あなたはまた一人ぼっちだと感じ、何かを相手に苦闘したり、あれこれを成し遂げようと必死になる。でも、どうして不安やストレスやネガティブな精神が生じるのでしょう？　いまという瞬間に背を向けたからです。では、どうしていまという瞬間に背を向けるのか？　何か他のことのほうが重要だと思ったからです。肝心の目的を忘れたからです。ほんの小さな過ち、誤解、それが苦しみの世界を生み出すのです。

**いまという瞬間を通じて、あなたは生命そのものの力にアクセスする。**その力は昔から『神』と呼ばれてきました。あなたが背を向けた瞬間、『神』はあなたの人生の現実ではなくなり、残るのは『神』という概念だけになる。その概念をある人は信じ、ある人は否定する。しかし『神』を信じることも、人生のすべての瞬間に立ち現れている『神』の現実を生きることに比べれば、実にお粗末な代用品でしかないんですよ」

「いまという瞬間と完璧《かんぺき》に調和するとは、あらゆる動きが止まるということじゃないですか？　目標があると、いまという瞬間との調和が破れ、その目標が達成できたときにやっと、もっと高くて複雑なレベルで調和が回復する、そういうことじゃありませんか？　だって土から芽を吹く若木は、いまという瞬間と完全に調和しているとは言えないでしょう。若木には大きな木になるという目標があるわけだから。大きな木になってしまえば、いまという瞬間と調和して存在することができるかもしれないが」

「若木は別に何かになりたいなんて望んではいませんよ。若木は全体とひとつであって、その全体性が若木を通じて活動しているんです。『野の百合《ゆり》がどう育つかを見てごらん』とイエスは言いました。『働きもせず、紡ぎもしない。しかし栄華をきわめたソロモンでさえ、この花の一つほどにも着飾ってはいなかった』[2]。全体性――生命――は若木が大きな木になることを望んでいるとは言えるかもしれないが、若木は自分と生命を別物だとは感じていないし、だから自分以外の何ものかになりたいとも望んではいませんよ。生命が望むことと一体なんです。だから心配もなければストレスもない。大きな木になる前に枯れても、安らかに死ぬでしょう。

生命に身を預けたと同じように、死に身を預けるはずです。どれほどかすかであれ、若木は自分が『大いなる存在（Be-ing）』に、つまり形のない永遠なる生命に根ざしていると感じているでしょうね。

古代中国の道教の賢者たちと同じく、イエスも自然に関心を向けなさいと教えた。それは人間が触れ合うことができなくなった力が自然のなかで働いているのを知っていたからです。それが宇宙の創造力です。イエスは、神はたった一つの花でさえこれほど美しく着飾らせてくれる、ましてあなたがたならどれほど美しく着飾らせてくれることか、と言いました。自然は進化し続ける宇宙の美しい表現だが、人間が宇宙の進化の奥にある知性と調和できれば、人間はもっと高いすばらしいレベルで宇宙の進化を表現するだろう、ということです。

だから、**内なる目的に忠実であることで、生命（人生）に忠実でありなさい**。あなたが『いまに在り』、全身全霊をあげていましていることをするなら、あなたの行為にはスピリチュアルな力が働きます。最初は行為そのものに別に目立った変化はないかもしれない。ただ、やり方が変わるだけでしょう。いまや、行為の第一義的な目的はその行為に意識を込めることです。二次的な目的は、その行為を通じて達成しようとする何かです。以前の目的はつねに未来にあったのに対して、新たなもっと深い目的はいまに、時間を否定したいまにだけ見つかるのです。

職場やその他の場所で人と会うときには、相手に関心のすべてを注ぎなさい。**あなたは個人としてそこにいるのではなく、気づきの場として、研ぎ澄まされた『いまに在る』状態として、**

**そこにいるのです。**人との関わりの本来の理由——モノの売り買いや情報のやりとりなど——は、二次的なことになります。二人の人間のあいだに立ち上がる気づきの場、それが人との関わりの第一義的な目的になるのです。その気づきの空間が、その場の話題よりも、物理的な対象や思考の対象よりも、もっと重要になります。『人間という大いなる存在（human being）』のほうがこの世界のものごとよりも重要になるのです。だからといって、実際的なレベルでその場ですべきことを無視しろと言うのではありませんよ。それどころか『大いなる存在』の次元が認識されて、第一義的な重要性をもてば、行為はもっと容易に、もっと力強くなるでしょう。**この人間同士の気づきがひとつになる場の出現、それが新しい地における人間関係の最も基本的な要素です**」

「それじゃ、成功という概念もエゴの幻想にすぎないんですか？　真の成功かどうか、どうすれば判断できるのですか？」

「世間では、成功とは目標を達成することだと言うでしょう。成功とは勝利であり、認められることや豊かになることが成功の不可欠の要素だと。でもいまあげたのは通常の成功の副産物ではあっても、成功そのものではありません。世間一般に言う成功とは、あなたの行為の結果のことです。成功とは刻苦勉励と幸運が、あるいは強い意志と才能が合わさったものだとか、適切なときに適切な場所に居合わせることだと言うでしょう。どれも成功の要素かもしれませんが、本質ではありません。**世間が教えてくれないのは――知らないから教えられないのですが――あなたは成功者になることはできない、ってことです。できるのはいま成功すること、それだけです。成功とは、いまこの瞬間の成功でしかない。**そうじゃないなんていう誤った世間の言葉に耳を貸してはいけません。では、いまこの瞬間の成功とは何か？　**自分の行為に、それがどれほどシンプルな行為であっても、質の裏打ちがあること**です。質の裏打ちがあるとは、心遣いと関心、つまり気づきがあるということです。質の裏打ちがあるためには、あなたが『いまに在る』必要があるんです。

あなたがビジネスマンで、二年間ストレスに耐えてがんばって、ようやく良く売れる製品あるいはサービスを送り出し、金儲《もう》けをしたとしましょう。これは成功でしょうか。世間的には成功です。だがあなたは二年間、自分の身体だけでなく地球もネガティブなエネルギーで汚し、自分自身もまわりの人たちも惨めにして、会ったこともない大勢の人たちにも影響を及ぼしてきたのです。そういう行為の陰にある無意識の想定は、成功とは未来の出来事で、目的が手段を正当化するというものだが、目的と手段はひとつです。手段が人類の幸福に貢献しないなら、目的だって貢献しないでしょう。結果はそこに至る行為と不可分ですから、行為によってすでに汚染されているなら、未来の不幸を生み出すはずです。それが無意識のうちに不幸を永続させるカルマというものです。

もうご存じのとおり、二義的外部的な目的は時間の次元にありますが、主たる目的はいまと不可分で、したがって時間を否定します。この二つをどう両立させるか？　自分の人生という旅全体が結局はいまこの瞬間の一歩から成り立っていると気づくことです。つねにあるのはこの一歩だけ、だからそこにすべての関心を注ぐんです。もちろん、行く先はどうでもいいってことではありませんよ。この一歩が主で、行く先は二次的だってことです。そして目的地に着いたときに何に出会うかは、この一歩の質にかかっているんです。言い換えれば、どんな未来が開けるかは、いまのあなたの意識が決めるということです。

**行為に時間を超えた『大いなる存在』という質が注入されれば、それが成功です。**『大いなる存在』が行為に流れ込まない限り、あなたがいまこの瞬間にいない限り、あなたは目の前の行為にまぎれて自分を見失うでしょう。また思考のなかで、それに外部世界で起こることへの反応のなかで、自分を見失うでしょうね」

「『自分を見失う』って、どういうことですか？」

「あなたの本質は意識です。意識（つまりあなた）が思考に自分を完全に同一化し、その本来の性質を忘れれば、思考のなかで自分を見失ったということです。欲望や恐怖――これはエゴの第一義的な動機ですが――という精神的、感情的な構造物に自分を同一化すれば、その構造物のなかで自分を見失います。また、行為や出来事への反応に自分を同一化すれば、そこでも自分を見失います。あらゆる考え、あらゆる欲望や恐怖、あらゆる行為や反応が、偽りの自己という意識を帯び、『大いなる存在（Being）』のシンプルな喜びを感じられなくなって、その代用品として快楽やときには苦痛までも求めるようになります。これが『大いなる存在（Being）』を忘れて生きるということです。自分を忘れたこの状態では、どんな成功も儚《はかな》い妄想にすぎません。何を達成してもすぐに不幸になるか、別の問題やジレンマが生じてあなたの関心をすべて呑み込んでしまうでしょう」

「内なる目的を認識したとして、それでは外的なレベルで自分が何をすべきか、どうすればわかるんですか？」

「外的な目的は人によって違いますし、どんな外的な目的も永遠ではありません。時間とともに変わるし、別の目的に取って代わられるんです。それに気づきという内なる目的にどれほど真剣かということでも、人生は大きく変わってきます。人によっては過去ととつぜん、あるいは徐々に訣別《けつべつ》するでしょう。仕事、生活環境、人間関係――すべてが根源的な変化を遂げます。そのなかには自然に起こる変化もある。厳しい意思決定のプロセスを経るのではなく、ふいにそうか、そうなんだ、と気づくんです。こういうことです。意思決定がいわばできあいのものとして自然にやってくる。思考を通じてではなく、気づきを通じて訪れます。ある朝、目が覚めたとき、自分が何をすべきかがわかる。常軌を逸した働き方や生活環境から離れる人もいます。だから外部的なレベルで何をすべきかを見出すより前に、何をすればいいのか何が気づきという意識と両立するのかを知る前に、何が正しくないのか、何がもう機能しないのか、何が内なる目的と両立しないのかに気づかなくてはならないでしょう。

外からふいに訪れる変化もあるかもしれません。偶然の出会いが新しいチャンスとなって、人生が広がるかもしれない。長いあいだの障害や葛藤《かっとう》が解決するかもしれません。友人たちはあなたとともにこの内なる変容を経験するかもしれないし、あなたから遠ざかるかもしれない。疎遠になる人間関係も、深まる人間関係もあるでしょう。会社でクビになるかもしれず、逆に職場に前向きの変化を起こす原動力となるかもしれませんね。配偶者は離れていくかもしれないし、新たなレベルの親近感が生まれるかもしれない。表面的にはネガティブに見える変化もあるでしょうが、いずれは新しい何かが生まれるための空間ができたのだと気づくでしょう。

不安で不確定な時期も通るでしょうね。自分は何をすべきなのか？　人生を動かすのがエゴではなくなると、外部的な安定に対する心理的な要求も（これは結局は幻想ですが）減少します。そうなれば不確定でも生きられるし、それどころか楽しむことさえできるようになります。不確定に安んじていられると、人生に無限の可能性が開けるのです。もう恐怖は行動の支配的な要素ではなくなるし、変化を起こす妨げにもなりません。ローマの哲人タキトゥスは、『安全への欲求があらゆる高貴な偉業を阻む』と述べています。不確定性を受け入れられないと、それは恐怖に変わる。だが完全に受け入れれば、生命力や研ぎ澄まされた洞察、創造力が充実するんですよ。

何年も前、私は強い内なる衝動に動かされて『前途有望』と言われた学者としてのキャリアを中断し、まったく不確実な道に踏み出しました。そして数年後、スピリチュアルな指導者としての新たな人生が始まったんです。転生ですね。さらにその後にも再び同様のことが起こりました。とつぜんの衝動のままに私は英国を去り、北米の西海岸に移住したのです。理由はわからなかったが、私はその衝動に従いました。この不確定性への移行から、著書『さとりをひらくと人生はシンプルで楽になる』が生まれました。あの本は自分の住まいさえもなかったカリフォルニアとブリティッシュ・コロンビアで書いたんです。もちろん収入もなく、預金を切り崩して暮らしていたのですが、それもどんどん減っていきました。ところが、すべて不思議なほどうまくいったんですね。本を書き終わるころ、ちょうどお金も底をついたのですが、たまたま買った宝くじで千ドル当たったんです。それでまた一か月、暮らすことができました。

ただし、誰もが必ず外部環境の大幅な変化を経験するわけではありません。対照的に、それまでとまったく変わらない場所で同じことを続けている人たちもいます。その人たちにとっては、何をするかは同じでどのようにするかだけが変化するのです。これは恐怖のせいでも、無力感のせいでもありません。その人たちがしていたことがすでに、意識をこの世界にもたらすための完璧な手段で、他のものは必要なかったということです。その人たちもまた、新しい地を出現させるために一役買っているのです」

「誰の場合もそうなんでしょうか？　だって内なる目的の達成がいまこの瞬間とひとつになることなら、どうしていまの仕事や生活環境を変えなくちゃならないなんて思うんですか？」

「**あるがままのいまとひとつになることは、もう変化を起こさないとか、活動を起こせないこととは違います。**活動を起こす動機がエゴイスティックな欲望や恐怖ではなく、もっと深いレベルにあるということなんです。自分のなかでいまこの瞬間と調和すると意識が解放されて、全体との調和が実現します。いまこの瞬間は全体と不可分ですからね。そのとき全体、つまり生命（人生）そのものの総体があなたを通じて動き出すのですよ」

「その全体って、何のことですか？」

「**全体とは存在するすべてから成り立っています。**世界、宇宙と言ってもいい。そのいっぽうで、存在するすべては微生物から人間、銀河にいたるまで、ほんとうは個別の存在ではなくて、からみあった多次元のプロセスという網の目の一部なんですよ。

私たちにはなぜこの一体性が見えないのか、どうして個別の存在としてしか見られないのか、理由は二つあります。一つは感覚ですね。感覚は、私たちが五感でアクセスできる狭い範囲に現実を矮小化《わいしょう》してしまう。見て、聞いて、嗅《か》いで、味わって、触れることのできる世界です。だが解釈したりレッテルを貼《は》ったりせずに、ただ感じ取ると（つまり感覚によけいな思考を付け加えないと）、一見ばらばらな感覚の底にあるさらに深いつながりを感じ取ることができるんです。

個別という幻想が生じるもう一つの、そしてもっと重大な理由は強迫的な思考です。宇宙は自分たちとは別のものだという絶え間ない強迫的な思考の流れにからめとられると、すべてがつながりあっていることを感じ取れなくなります。思考は現実を生命のない断片に切り裂いてしまう。こういう断片的な現実感から、きわめて非知性的で破壊的な行動が起こるんです。

ただし、この全体には存在するすべてのつながりよりもさらに深いレベルがあります。その深いレベルでは、すべてはひとつです。それが源です。形として現れていない生命です。時を超えた知性で、それが時間のなかで展開する宇宙という形で現れるのです。

**全体はモノの存在と生命という『大いなる存在』によって、形として現れたものと現れないものによって、この世界と神とで成り立っています。**だから全体と調和すればあなたは全体のつながりとその目的の——つまりこの世界に意識を出現させるための——意識の一部になるわけです。するとどこからか助けが現れ、まさかの出会いや偶然があり、共時性と言われる不思議な一致が頻繁に起こります。カール・ユングは共時性を『因果律ではないつながりの原理』と呼びました。私たちの現実という表面的なレベルでは同時に起こる出来事に因果関係が見られない、という意味です。それは現象世界の奥にある知性の外部的な現れであり、私たちの心では理解できない深いつながりなんです。でもその知性の展開に、花開く意識に意識的に参加することはできます。

**自然は無意識のうちに全体とひとつの状態として存在します。**だから、たとえば二〇〇四年の津波災害でも、野生動物には事実上被害はありませんでした。人間よりも全体と触れ合っているから、見たり聞いたりするよりずっと早く津波の襲来を知って、高台に逃げることができたんです。いや、これも人間の視点から見た言い方でしょうね。動物たちはただ高台に移動した、それだけかもしれない。

こういう理由でこう行動する、というのは、心が現実を切り取るやり方です。ところが自然は無意識のうちに全体とひとつになって生きている。全体と意識的にひとつになり、宇宙の知性と意識的に調和することで、この世界に新しい次元をもたらす、それが私たちの目的であり、運命です」

「その全体とやらは、その目的と調和するものごとを創造したり状況を創り出したりするために、人間の心を利用することができるんですか？」

「そうです。インスピレーション（インスピレーションとは『スピリット（霊）のなかに』という意味ですね）が働くとき、そして情熱（情熱：ｅｎｔｈｕｓｉａｓｍとは、『神のなかに』という意味です）があるとき、単なる個人をはるかに超えた創造力が生まれるんですよ」

第十章

# 新しい地

# 形ではないもの

　宇宙飛行士は、宇宙が百五十億年前の巨大な爆発によって誕生し、それ以来拡大し続けていることを示す証拠を発見した。宇宙は拡大するだけでなく複雑性を増し、さらに多様なものを生み出し続けている。科学者のなかには、この一から多重・多様性への動きがいずれは逆転すると考えている人たちがいる。そのとき宇宙は拡大をやめて再び縮小に転じ、ついには形のない、想像も及ばない無へと、そこから生まれてきた起源へと戻るだろう。そして、誕生、拡大、収縮、死というサイクルが何度も何度も繰り返されるだろう。それはいったい何のためか？「どうして宇宙はわざわざ生まれ出たのか？」と問いかけた物理学者のスティーヴン・ホーキングは、同時に数学的モデルではこの答えは出せないだろうと気づいた。

　**しかし外側だけではなく内側に目を向けるとき、あなたは自分に内なる目的と外部的な目的とがあること、自分は大宇宙を反映する小宇宙なのだから、宇宙にもそれと不可分の内なる目的と外部的な目的があるだろうということに気づく。**宇宙の外部的な目的とは形を創造し、形の相互関係、相互作用を——舞台、夢、ドラマ、何と呼んでもいいが——経験することだ。内なる目的とは、その形ではない本質に気づくことである。そのとき外部的な目的と内なる目的の融和が起こる。つまり、その本質——意識——を形の世界に導き入れ、それによって世界を変えようと思う。この変容の究極の目的は人間の心の想像や理解をはるかに超えている。しかしいまこの地球では、その変容が私たちに割り当てられた仕事なのだ。それが外部的な目的と内なる目的との融和、世界と神の融和である。

宇宙の拡大と縮小が自分の人生にどんな関係があるのかを考える前に、心に留めておいていただきたいのだが、ここで宇宙について述べることを絶対的な真実と受け取ってはならない。どんな概念も数式も、無限を説明することはできない。どんな思考も、全体の広大さを把握することはできない。現実とはひとつの全体だが、思考はそれを断片化する。そこから、たとえば個別のものがあり出来事があるとか、これがあれの原因だという基本的な誤解が生じる。すべての思考はある視点を意味し、すべての視点はその性格上、限界を意味する。つきつめれば、それは真実ではない、少なくとも絶対的な真実ではない。全体だけが真実なのだが、その全体は語ることも考えることもできない。思考の限界を超えたところから、したがって人間の心には理解できないところから見れば、すべてはいまこの瞬間に起こっている。

相対的な真実と絶対的な真実の例として、日の出と日没を考えてみよう。朝に太陽が昇り、夕方に太陽が沈むというのは真実だが、それは相対的な真実でしかない。絶対的な意味では間違っている。地上あるいは地表に近い場所で観察する者の限られた視点では、太陽は昇ったり沈んだりする。だが宇宙に出て眺めれば、太陽は昇りも沈みもせずに輝き続けているだろう。しかしそのことがわかっても、それが絶対的な真実ではなく相対的な真実だと知ってもなお、私たちは日の出と言い、日没と言い、その美しさに感動し、描き、詩を書くことができる。

もう一つ、相対的な真実について考えてみようか。宇宙が形となって誕生し、やがて形のないところへ戻っていくということ。これは時間的に限られた視点を意味するが、あなたの生命（人生）とどう関わるだろうか。もちろん、「私の生命（人生）」というのも思考によって生み出された限られた視点であり、相対的な真実である。つきつめれば「あなたの」生命（人生）などというものはない。あなたと生命（人生）は別個のものではなくてひとつなのだから。

## あなたの生命の短い歴史

世界が形として現れ、また形のないものへと戻っていく――拡大と収縮――という宇宙の二つの動きは、出て行くことと帰ってくること、と言ってもいい。この二つの動きは、あなたの心臓の絶え間ない拡大と収縮の動きや吸って吐くという呼吸のように、宇宙全体のさまざまなところに反映されている。眠りと目覚めというサイクルもそうだ。毎晩、夢も見ない深い眠りに就くとき、あなたはそれと気づかずに形のないすべての生命の源へと戻っていき、朝になると生気を補充して再び現れる。

この出て行くことと帰ってくることという二つの動きは、個人の人生のサイクルにも反映されている。言ってみればどこからともなくとつぜん「あなた」はこの世に現れる。誕生のあとは拡大だ。身体的な成長だけではなく、知識も活動も所有物も経験も増大していく。影響範囲も拡大し、人生はますます複雑になる。これは主として外部的な目的を発見し追求する時期である。ふつうはそれに伴ってエゴも成長する。エゴの成長は何よりも先にあげたものごとへの自分の同一化であり、したがって形への同一化がますます明確になる。この時期はまたエゴに外部的な目的——成長——を支配されがちだが、エゴは自然と違ってどこで拡大を止めるべきかを知らず、貪欲《どんよく》にもっと多くもっと多くと求め続ける。

やがて、さあうまくいった、自分はここに属していると思い出したころ、回帰の動きが始まる。たぶん近しい人、あなたの世界の一部だった人々に死が訪れるだろう。次にあなた自身の肉体も衰弱し、影響力の範囲も縮小する。さらに多くではなく、ますます少なくなり、これに対してエゴは不安や鬱《うつ》で反応する。あなたの世界は縮小し、自分はもう支配力を失ったと気づくかもしれない。人生に働きかける代わりに、人生のほうがあなたに働きかけて、ゆっくりとあなたの世界を小さくしていく。形に同一化していた意識は日没を、形の解体を経験する。そしてある日、あなたも消えてなくなる。あなたの安楽椅子《あんらくいす》はまだそこにあるが、あなたはもう座っていない。空っぽな空間があるだけだ。あなたは何年か前にそこから来た場所に戻ってしまう。

**各人の——実際には各生命体の——生命（人生）は、一つの世界を表現している。宇宙がそれ自身を経験する独特な方法だ。あなたの形が解体するとき、世界が——無数の世界のうちの一つが——終わる。**

## 目覚めと回帰の運動

個人の生命（人生）における回帰の動きが起こるときには、つまり老齢や病気、心身の障害、喪失、個人的な悲劇などを通じて形が弱まり解体するときには、スピリチュアルな目覚めの大きなチャンスが存在する。意識が形との同一化を解消するチャンスだ。現代文明にはスピリチュアルな真実はほとんどないので、これをチャンスと捉《とら》える人は多くない。だから自分や近しい人にその時が訪れると、人は何かとんでもなく間違ったことが、起こってはならないことが起こったと考える。

私たちの文明は人間の置かれた条件に大変無知なのだが、スピリチュアルに無知であればあるほど苦しみは大きい。とくに西欧世界の多くの人々にとって死はもう抽象概念でしかなく、人間の身体の解体が近づいたときに何が起こるのか、想像もできなくなっている。老いさらばえた人の大半は養老院に閉じ込められる。死体は（古い文明を伝えている場所ではすべての人に開放するのに）隠されて見えない。故人の遺族は別として、死体を見ようという試みはなんと違法なのである。葬儀社では遺体にメーキャップをほどこす。見ることを許されるのは衛生無害に処理された死だけなのだ。

現代人にとって死は抽象概念でしかないから、ほとんどの人は自分を待っている形の解体に対してまったく準備ができていない。死が近づいたときは衝撃を受け、理解できず、絶望し、恐怖におののく。もはやすべてが意味をなさない。人生の意味や目的はすべて、積み重ねること、成功すること、築くこと、守ること、楽しむことに関わっていたからだ。どれも外的な動きであり、形への同一化、つまりエゴと関わっている。ほとんどの人は、自分の生命（人生）と世界が壊れていくとき、どんな意味も見出せなくなる。しかしそこには外的な動きよりももっと深い意味が潜んでいる可能性がある。

昔から個人の人生（生命）に霊的な次元が開かれるのは、まさに老いや喪失や個人的な悲劇を通してだった。内なる目的が現れるのは、外的な目的が崩壊し、エゴの殻にひびが入り始めたときだけ、ということかもしれない。そのような出来事は形の解体に向かう回帰が始まったことを意味している。多くの古代文明にはこのプロセスに対する直感的な理解があり、だからこそ老人は尊重され、敬われていた。老人は知恵の貯蔵庫で、それなしにはどんな文明も永らえることのできない深さの次元を体現していた。現代文明は完全に外部的な目的と同一化していて、内なる霊的な次元に無知だから、「老い」という言葉は主に否定的な意味合いで使われる。老いは役立たずと同義語で、私たちは老いという言葉をほとんどマイナスイメージとして受け取る。この言葉を避けるために熟年だのシニアだのという言葉でごまかす。カナダ先住民の共同体では、「お祖母《ばあ》さん」はとても威厳のある存在なのに、私たちの文明ではかわいいというのが「おばあちゃん」への最高の褒め言葉だ。どうして老人は役立たずとみなされるのか？　老齢になると重点が「行うこと」から「在ること」に移るが、私たちの文明は「行うこと」に埋没していて、「在ること」については何も知らないからである。

人によっては、一見早すぎる回帰の動き、つまり形の解体によって、外へ向かっての成長と拡大の動きが著しく阻害されることがある。その阻害は一時的な場合もあれば、永久的なこともある。私たちは幼い子どもを死に直面させるべきではないと思っているが、実際には病気や事故で片親や両親と死に別れる子どもがいるし、自分自身の死に直面することだってある。また生命（人生）の自然な拡大を厳しく制約する障害をもって生まれる子どももいる。あるいは比較的若いころに、人生（生命）を大きく制約されることもある。

「まだそんな時期ではない」のに外に向かっての動きが阻害されると、それが早いスピリチュアルな目覚めをもたらす機会になるかもしれない。結局のところ、起こるべきでないのに起こることなどないのだ。つまり偉大なる全体とその目的の一部でないことなど、いっさい起こらない。だから外部的な目的の破壊や阻害は内なる目的の発見に、さらには内なる目的と調和したもっと深い外部的な目的の出現に結びつくことがある。大きな苦しみを経験した子どもは、年齢よりもはるかに成熟した幼いおとなへと成長することが多い。

形のレベルでの喪失は本質のレベルでの獲得になる。古代文明や伝説の「視力のない預言者」や「傷ついた癒《いや》し手」の場合には、形のレベルでの大きな喪失や障害がスピリット（霊）への入り口になる。あらゆる形は不安定であることを直接的に体験すると、二度と形を過大評価しなくなり、むやみに形を追求したり形に執着して自分を忘れたりもしなくなる。

形の解体、なかでも老齢によって現れるチャンスは、現代文明ではようやく認められ始めたばかりだ。残念ながら大多数の人々はそのチャンスを見損なっている。エゴが外へ向かう拡大や成長の動きに自分を同一化したように、回帰の動きにも自分を同一化するからだ。その結果エゴの殻がますます硬くなり、開放ではなく収縮が起こる。小さくなったエゴは残る日々を愚痴や不満に明け暮れ、恐怖や怒り、自己憐憫《れんびん》、罪悪感、非難、その他のネガティブな精神、感情状態に陥るか、思い出に執着して過去のことばかり考えたり話したりする回避戦略をとる。

個人の人生(生命)で回帰の動きからエゴが離れると、老齢や近づく死は本来の姿を取り戻す。スピリチュアルな領域への入り口になる。私はこのプロセスを体現する老人たちと出会った。彼らは輝いていた。彼らの弱った身体は意識の光に透き通っていた。

新しい地では、老齢期は意識の花が開く時として、もっと高い価値を認められるだろう。まだ人生(生命)の外的な環境に自分を見失っていた人たちにとっては、遅くなった回帰の時であり、内なる目的に目覚める時だ。その他の多くの人たちには目覚めのプロセスの強化と完成を意味するだろう。

## 目覚めと外への動き

外への動きとともに訪れる人生(生命)の自然な拡大は、これまではエゴに支配され、エゴの拡大に利用されてきた。「ほら、僕はこんなことができるよ。きみにはできないだろう」というのは、幼い子どもが身体的な力や能力の成長を自覚したときのせりふだ。これはエゴが外への動きと「きみよりもっと多く」という概念への同一化を通じて自己を確固たるものとし、他を矮小化《わいしょう》することで自分を強化しようとする最初の試みの一つである。もちろんこれはエゴの多くの誤解の始まりにすぎない。

**だが気づきが高まり、エゴに人生（生命）を振り回されなくなれば、老齢や個人的な悲劇によって自分の世界が縮小したり崩壊したりしなくても、内なる目的に目覚めることができる。**

地球に新しい意識が現れ始めているいま、揺り動かされなくても目覚める人たちが増えている。その人たちは、まだ外向きの成長と拡大のサイクルにあるときでも、自分から目覚めのプロセスを迎え入れる。成長と拡大のサイクルからエゴを追放すると、外への動き（思考や講演、活動、創造）を通じても、回帰の動き（静寂、在ること、形の解体）を通じるのと同じくらいに力強く、霊的（スピリチュアル）な次元がこの世界に開かれる。

これまでは人間の知性（宇宙の知性のほんのかけら以上のものではないが）はエゴによって歪《ゆが》められ、誤用されてきた。私はこれを「狂気の道具となった知性」と呼ぶ。原子を分割するためには、大きな知性が必要だ。その知性を原子爆弾の製造と貯蔵に使うのは狂気で、どんなに譲歩しても極端に非知性的だと言わざるを得ない。ただの愚かさは比較的無害だが、知的な愚かさはきわめて危険である。この知的な愚かさの例は無数に見られるが、人間の種《しゅ》としての生存そのものを脅かしている。

エゴイスティックな機能不全に邪魔されなければ、私たちの知性は宇宙の知性の外向きの動きのサイクルと創造への衝動に充分に調和できる。私たちは形の創造に意識的に参加するだろう。**創造しているのは私たちではない。私たちを通じて宇宙の知性が創造する。**私たちは創造の対象に自分を同一化せず、行動に自分を見失うこともない。創造という行為には高度な集中力が伴うが、しかしそれは「大変な労働（ハード・ワーク）」ではなくストレスもないことを学ぶ。ところで、ストレスと高度な集中とは違うことを理解しておかなくてはいけない。苦闘やストレスは、障害にぶつかったときに否定的な反応が起こるのと同じで、エゴが戻ってきた証《あかし》である。

エゴの欲求の陰にある力は、同じくらいの強度の反発力、言ってみれば「敵」を生み出す。エゴが強いほど、自分たちはばらばらだという人々の意識も強くなる。反発力を引き起こさない唯一の活動は、全体の善を目指す行動だ。そのような行動は排他的ではなく、すべてを包み込む。分割するのではなく、足し合わせる。「私の」国のためではなくて人類全体のため、「私の」宗教のためではなくて人類の意識の喚起のため、「私の」種のためではなく生きとし生けるものすべてのための活動だ。

さらに私たちは、活動は必要だが、外的な現実を出現させるうえでは二次的な要素にすぎないことも学ぶ。創造の第一義的な要素は意識なのだ。どれほど活動的でも、どれほど努力しても、私たちの世界を創造するのは意識の状態であり、内なるレベルで変化がなければ、いくら行動しても何も変化は生まれない。同じ世界の修正バージョンを、エゴの外的な反映である世界を何度でも再創造するだけに終わるだろう。

## 意識

意識はすでに目覚めている。形に現れていない永遠の存在だ。しかし宇宙は徐々にしか目覚めない。意識そのものは時間を超えており、進化はしない。生まれもしないし、死ぬこともない。意識が事物の宇宙として現れると、時間が流れ出し、進化のプロセスが始まる。人間の心ではこのプロセスの原因を充分に知ることはできないが、自分自身のなかにそれを垣間《かいま》見て、自分のなかのプロセスの意識的な参加者になることはできる。

意識は知性であり、形の出現の奥にある組織化原則である。意識は現れた形を通じてそれ自身を表すために、何百万年も形に向けて準備してきた。

形に現れない純粋な意識という領域は別の次元とみなすことができるが、しかし宇宙という形の次元と離れ離れではない。形と形のないものは、互いにからみあっている。形に現れていないものは気づきや内なる空間、「いまに在る」状態として、この次元に流れ込む。どのようにしてか？　目覚めた、したがってその運命をまっとうする人間という形を通して、である。

この高い目的のために人間という形が創《つく》られ、さらにその土台として何百万という形が創られた。

意識は形として現れる次元へと転生する。つまり形となる。形となった意識は夢のような状態に入る。知性は残っているが、意識はそれ自身に無意識になる。形のなかにそれ自身を失い、形と自分を同一化する。聖性の物質への下降と考えてもいい。宇宙の進化のこの段階では、外へ向かう運動のすべてがこの夢のような状態で進行する。目覚めの気配が訪れるのは個々の形が解体するとき、要するに死の瞬間だけだ。そのあとは次の輪廻転生《りんねてんしょう》が起こり、次の形への同一化が生じ、集合的な夢の一部である個々の夢が再度始まる。ライオンがシマウマの身体を引き裂くとき、シマウマの形に転生していた意識は壊される形から離れ、一瞬その本質である不死の意識に目覚めるが、たちまち眠りに陥って別の形に転生する。ライオンが老いて狩りができなくなり、最後の息を引き取るとき、ここでも一瞬の目覚めがあり、再び形という夢が始まる。

**私たちの地球では、人間のエゴは宇宙の夢の、意識の形への同一化の最終段階を表している。これは意識の進化にとって必要な段階だ。**

人間の脳は高度に差異化された形であり、この形を通して意識がこの世界の次元に入ってくる。人間の脳には約一千億の神経細胞があると言われている。これは大宇宙の脳と言うべき銀河系の星の数に等しい。脳は意識を生み出さない。意識のほうが自らを表現するために、地上で最も複雑な形の物質である脳を創造したのだ。あなたの脳が損なわれても、意識を失うわけではない。意識がこの次元に入るために脳を使うことができなくなっただけだ。そのために意識を失うことはない。意識は本質的にあなただから。あなたが失うことができるのは、あなたが所持しているものだけで、自分自身を失うことはあり得ない。

## 目覚めた行動

地球上の意識の進化における次の段階、それが目覚めた行動だ。私たちが現在の進化の段階の終わりに近づけば近づくほど、エゴの機能不全はひどくなる。毛虫が蝶《ちょう》になる前に機能不全の状態に陥るのと同じだ。新しい意識は、古いものが解体したところから生じる。

いままさに人類の意識の進化のなかで画期的な出来事が起こりつつあるが、その出来事は今夜のニュースとして報じられることはないだろう。**地上で（たぶん、私たちの銀河の多くの場所やそれをはるかに超えたあちこちでも同時に）意識が形の夢から目覚めようとしている。**そこでは確かに解体する形もそうとうあるだろうが、すべての形（世界）が解体するわけではない。いまや意識が自らを形のなかで失うことなしに形を創造することが可能になる。意識は形を創造し体験しつつも、それ自身に対する気づきを失わない。それでも形を創造して体験し続けるのはなぜか？　それが楽しいからだ。どのようにして体験するのか。目覚めた人間を通じて、目覚めた行動の意味を学んだ人間を通じて、である。

**目覚めた行動とは、外部的な目的（何をするか）と内なる目的（目覚めて目覚めたままでいること）とが調和した行動である。**目覚めた行動を通じて、あなたは外へ向かう宇宙の目的とひとつになる。あなたを通じて意識がこの世界に流れ込む。あなたの思考に流れ込み、インスピレーションを与える。あなたの行動に流れ込んで、行動を導き、力を付与する。

何をするかではなくどのようにするかで、あなたが運命をまっとうしているかどうかが決まる。そしてどのようにするかを決めるのは、あなたの意識の状態だ。

行動の主な目的が行動そのものになるとき、と言うか行動に流れ込む意識そのものになるとき、優先順位が逆転する。意識の流れが行動の質を決める。言い換えようか。どんな状況で何をするのであれ、最重要要素は意識の状態だ。どんな状況で何をするのかは二次的な要素にすぎない。「未来」の成功は行動が生じる意識によって左右されるし、その意識と不可分である。行動が生じるもとはエゴの反応かもしれないし、目覚めた意識による研ぎ澄まされた観察と関心かもしれない。真の成功と言える行動は条件づけられた無意識の思考であるエゴからではなく、研ぎ澄まされた観察と関心の場から生まれる。

## 目覚めた行動の三つのモード

あなたの行動には、つまりあなたを通じてこの世界に流れ込む意識のモードには三種類ある。あなたが人生（生命）を宇宙の創造的な力と調和させる三つの方法である。この三つのモードは、あなたの行動に流れ込んであなたの行動をこの世界に生じつつある目覚めた意識と結びつけるエネルギーの周波数を意味する。この三つ以外のモードであれば、あなたの行動はエゴによる機能不全のそれになるだろう。またこのモードは一日のなかでも変化するかもしれないが、人生のある段階ではどれか一つが支配的になるだろう。状況によって適切なモードは異なる。

**目覚めた行動の三つのモードとは、受け入れる、楽しむ、情熱を燃やす、の三種である。**それぞれは意識の振動の周波数が異なる。ごく単純なことからきわめて複雑なことまで、何かをするときにはつねに、三つのうちのどれかが発動しているかどうか敏感に察知しなくてはいけない。よく観察すると、受け入れるのでも、楽しむのでも、情熱を燃やすのでもない行動は、自分自身か他人を苦しめているはずだ。

### 受け入れる

楽しむことができなくても、少なくともしなければならないことだと受け入れることはできる。受け入れるとは、たったいま、この状況のこの瞬間に自分がしなければならないことだからしよう、と思うことである。いま起こっていることを心のなかで受け入れる重要性についてはすでに詳しくお話ししたが、しなければならないことを受け入れるのもその一つの側面だ。たとえば深夜、見知らぬ場所で篠《しの》つく雨のなか、パンクしたタイヤを交換しなければならないとしたら、情熱を燃やすどころか楽しむことだってできないだろうが、受け入れることはできる。受け入れれば、安らかな気持ちで行動できる。その安らぎは微妙な振動のエネルギーとして、行動に流れ込む。表面的には受け入れるのは受身に見えるが、実際にはこの世界にまったく新しい何かをもたらす積極的で創造的な状態だ。その安らかさ、微妙な振動のエネルギーが意識であり、そのエネルギーをこの世界に流入させる方法の一つが抵抗せずに降参することだ。これは受け入れることの一つの側面である。

行動を楽しむことも受け入れることもできないのなら、やめればいい。そうでないと、自分がほんとうに責任を取れる唯一のこと（ほんとうに重要な唯一のことでもある）に責任を取れない。その唯一のこととは、あなたの意識の状態だ。自分の意識の状態に責任を取らないのは、人生（生命）に責任を取っていないということだ。

## 楽しむ

抵抗せず降伏すると安らぎが得られるが、行動を積極的に楽しむと安らぎは躍動する生命感に変わる。楽しむというのは目覚めた行動の二つ目のあり方だ。新しい地では、人々の行動を左右する動機として楽しみが欲望に取って代わるだろう。欲望は自分たちがばらばらの断片であり、すべての創造のもとにある力と切り離されているというエゴの妄想から生じる。楽しむことを通じて、あなたは宇宙の創造力そのものとつながる。

人生の焦点を過去や未来ではなくて現在の瞬間に置くと、行動を楽しむ能力は——人生の質も——劇的に増大する。楽しむことは、「大いなる存在（Ｂｅｉｎｇ）」のダイナミックな一面である。宇宙の創造力がそれ自身を意識したとき、それは喜びとして現れる。人生に何か「意義のあること」が起こらなければ、楽しめないわけではない。楽しみのなかには、あなたが必要とする以上の意義がある。「生きがいが見つかるのを待つ」症候群は、無意識状態に最もよく見られる妄想だ。楽しく行動するために変化が起こるのを待っているときよりも、自分の行動をすでに楽しんでいるときのほうが、外部的なレベルでの拡大や前向きの変化は起こりやすい。行動を楽しんでいいか、と自分の心に聞いたりしないこと。そんなことをしても楽しんではいけない理由が山ほど見つかるだけだ。「いまはいけない」と心は言うだろう。「いまは忙しいんだよ。わからないのか？　そんな時間はないさ。明日なら楽しめるかもしれないが……」。

しかし、いま楽しまなければ、楽しめる明日など決してやってきはしない。

私はあれこれをするのを楽しむ、というのは、実は間違いである。これでは行動のなかに楽しみがあるようだが、そうではない。楽しみは行動のなかにあるのではなく、あなたのなかの深い部分から行動へ、したがってこの世界に流れ込むものだ。行動のなかに楽しみがあるという誤解はありふれているが、危険である。この誤解から、楽しみは何かから、行動やものごとから奪い取るものだという考え方が生じる。そうすると、世界が自分に楽しみや幸福をもってきてくれないかと期待することになる。しかし、そんなことはあり得ない。だから大勢の人がいつも欲求不満なのだ。その人たちが必要だと思っているものを、世界は与えてくれはしない。

ではあなたの行動と行動を楽しむ状態とにはどんな関係があるのか？　目的のための手段として行動するのではなく、いまこの瞬間に全身全霊を込めて行動すれば、どんな行動でも楽しむことができる。**ほんとうは楽しいのは行動ではなく、そこに流れ込む深い躍動する生命感で、その生命感はあなたと一体なのだ。**だから行動を楽しむというのは、実は生命感のダイナミックな側面を体験することだ。だから何であれ楽しんで行動すれば、すべての創造のもとにある力と結びつくことができる。

力強く創造的に拡大する人生を実現するスピリチュアルな実践方法がある。毎日繰り返す日常活動のリストをつくってみよう。そのなかにはつまらないもの、退屈なもの、平凡なもの、苛立《いらだ》たしいもの、ストレスの多いものも入れておく。だが嫌でたまらないことは入れない。嫌でたまらないことは、受け入れるかやめるかのどちらかしかない。リストには通勤、食料品の買い物、洗濯、その他退屈だったりストレスだったりする日常の仕事が含まれるだろう。次にリストの行動をするとき、それを気づきの実践の道具にする。することに全身全霊を注ぎ、行動の奥に自分のなかの躍動的な生命感を感じ取るのだ。こうして一つ一つの行動に気づきつつやってみると、そういう状態ですることはストレスでも退屈でも苛立たしくもなく、それどころか楽しいことがわかるだろう。もっと正確に言うなら、外形的な行動が楽しいのではなく、行動に流れ込む内なる意識の次元が楽しくなる。行動のなかに「大いなる存在（Ｂｅｉｎｇ）」の喜びが発見できる。人生に生きがいがないとか、ストレスが多すぎる、退屈だと感じているなら、それはこの意識の次元を人生に持ち込んでいないからだ。まだ自分の行動に意識的になることが主たる目的になっていないのである。

人生の主たる目的は意識の光をこの世界に持ち込むことだと気づいて、することなすことすべてを意識のための道具にする人が増えていけば、新しい地が生まれる。「大いなる存在（Ｂｅｉｎｇ）」の喜びは、意識的であることの喜びである。

**目覚めた意識はエゴから自分を取り戻し、人生（生命）の主役になる。そのときあなたは、それまで長いあいだしてきた行動に意識の力が加わって、いつのまにかもっと大きなものになっていくのを感じるだろう。**

創造的な行動によって大勢の人々の人生（生命）を豊かにしている人たちの一部は、その行動によって何かを達成しようとか、何かになろうというのではなく、それがいちばん楽しいからやっている。その人たちは音楽家、芸術家、作家、科学者、教師、建築家かもしれないし、新しい社会的構造やビジネス（啓《ひら》かれたビジネス）構造を生み出そうという人たちかもしれない。またこの人たちの影響が及ぶ範囲はしばらくは狭いままかもしれないが、ふいに、あるいは徐々に力強い創造の波が流れ込んで、やがて当人たちの想像を超えて広がり、無数の人々と触れ合うだろう。そのとき彼らの行動には楽しさの他に強さも加わり、それとともに常人では考えられない創造力が発揮される。

だが、その行動を頭に上らせてはいけない。頭にはエゴの残滓《ざんし》が隠れている。あなたもまたふつうの人間の一人だ。並外れているのは、あなたを通してこの世界に流れ込むもののほうだ。その本質を、あなたはすべての生きとし生けるものと共有する。十四世紀のペルシャの詩人でスーフィ教の賢者であるハフィズは、この真実をこんなふうに美しく言い表している。「私は[1]キリストの息が通るフルートの穴だ。さあ、この音楽を聞いておくれ」。

## 情熱を燃やすこと

目覚めという内なる目的に忠実な人たちが経験する創造力の現れがもう一つある。そういう人はある日とつぜん、自分の外部的な目的を知る。偉大なビジョンや目標を発見し、それ以降はその目標を達成するために働く。その目標やビジョンはふつう、彼らがそれまで小規模に行って楽しんでいたものとなんらかの形で関連している。これが目覚めた行動の第三のモードである情熱だ。

**情熱を燃やすとは、自分がしていることに深い喜びを感じると同時に、目指す目標やビジョンの要素が加わることを意味する。**行動の喜びに目標が加わると、エネルギーの場というか振動数が変化する。喜びにある種の構造的な緊張感とでもいうような何かが加わって、情熱になる。情熱にかりたてられた創造的な活動のさなかには、何をしてもとてつもない緊張感とエネルギーが伴うだろう。あなたは自分を標的に向かって飛ぶ矢のように感じ、その行程を楽しむ。

傍観者にはストレスの重圧があるように見えるかもしれないが、情熱の緊張感はストレスとは関係ない。自分がしていることはどうでもいいが、とにかく目標に到達したいというのであれば、ストレスかもしれない。楽しみと構造的な緊張感のバランスが崩れて、後者が圧倒するからだ。ふつうストレスは、エゴが戻ってきてあなたを宇宙の創造力から切り離してしまったサインだ。そこには宇宙の創造力の代わりにエゴの力と緊張しかなく、だから「がんばって」働かなければならない。ストレスを感じながらの行動では、必ず質と効率が低下する。それに、ストレスと不安や怒りなどのネガティブな感情には強い相関関係がある。これは身体に有害で、ガンや心臓病などのいわゆる「変性疾患」の主たる原因として認識され始めている。

**ストレスと違って情熱はエネルギーの振動数が高いので、宇宙の創造力と共鳴する。**だからラルフ・ウォルド・エマーソンは、[2]「情熱なしに偉業が成し遂げられたことはない」と言った。情熱（ｅｎｔｈｕｓｉａｓｍ）という言葉はギリシャ語のｅｎとｔｈｅｏｓから発しているが、ｔｈｅｏｓとは神という意味で、派生語のｅｎｔｈｏｕｓｉａｚｅｉｎとは「神に憑《つ》かれた」という意味である。情熱が燃えているときには、自分だけで行動しているのではないと感じる。それどころか、自分だけでできることには何の意味もない。情熱は創造的なエネルギーの波を呼び起こすから、あなたはただ「波に乗って」いけばいい。

　情熱はあなたの行動にすばらしい力を与える。その力に触れたことのない人は「あなたの」成果を驚異と賛嘆の目で見るだろうし、その偉業とあなたを同一視するかもしれない。しかしあなたは[3]「私は、自分では何もできない」というイエスの言葉が真実であるということを知っている。

**同じ強さで反発する力を生み出してしまうエゴイスティックな欲望とは異なり、情熱には対立はない。対決的ではないからだ。情熱による活動には勝者も敗者もない。基本的に排他的ではなく、他者をも包み込む。**人々を利用したり操作したりする必要がないのは、それ自身が創造力であり、二次的なエネルギー源から力を得る必要がないからだ。エゴの欲望は、つねに何かをあるいは誰かから奪おうとするが、情熱は惜しみなく与える。情熱が逆境や人々の非協力などの形をとる障害にぶつかっても、決して攻撃せずに迂《う》回《かい》するか、相手を取り込んだり譲歩したりして対抗勢力を味方に、敵を友人に変えるだろう。

情熱とエゴは共存できない。いっぽうはもういっぽうの不在を意味する。情熱は自分の行く先を知っているが、同時に現在の瞬間、生命の源、喜び、力と深く一体化している。情熱には何も欠けていないから、何も「欲しない」。情熱は生命と一体であり、情熱に動かされる行動がどれほどダイナミックであっても、あなたは行動のなかで自分を失うことはない。そして回転する輪の中心にはつねに静かでありながら非常に生き生きとした空間があり、活動の中心に平和な中核があって、それはすべての源であると同時に何ものにも影響されない。

**あなたは情熱を通じて宇宙の創造原理と完全に調和するが、その創造に自分を同一化することはない。つまり、そこにエゴはない。**何かとの同一化がなければ、苦しみの大きな原因の一つである執着もない。

創造的エネルギーの波が通りすぎ、構造的な緊張が再び低下しても、行動に感じる喜びは残っている。誰も情熱的なままで一生を過ごすことはできない。一つの波が通りすぎたあと、また新しい創造的エネルギーの波が訪れて情熱が甦《よみがえ》るかもしれないが。

形の解体に向かう回帰の動きが始まると、もう情熱はあなたの役には立たない。情熱は生命(人生)の外に向かう動きのサイクルに属している。回帰の動きには——帰路の旅には——降伏を通じてのみ、自分を調和させることができる。

まとめればこういうことだ。**自分の行動を楽しみ、それが目指す目標やビジョンとうまく組み合わされれば情熱が生まれる。**目標があっても、関心の焦点は現在この瞬間にしていることに置かなければいけない。そうでないと宇宙的な目的と調和できなくなる。ビジョンや目標が、たとえば映画スターになりたい、有名な作家になりたい、金持ちの事業家になりたいというような自分自身の誇大なイメージ、つまり密《ひそ》かなエゴの形にならないように気をつけなくてはならない。さらに目標が海辺の豪邸や会社や一千万ドルの銀行預金などのあれやこれやを手に入れること、というのもよくない。拡大された自己イメージやあれこれを手に入れた自分というイメージは、すべて静的な目標であって、あなたに力を与えることはない。

目標はダイナミックでなければならない。活動を、それを通じて他の人々や全体と結びつく活動を、目標として目指さなくてはいけない。自分は有名な俳優だ、作家だと考えるのではなくて、自分の作品を通じて無数の人々にインスピレーションを与え、人々の人生を豊かにする、と考えるべきなのだ。自分の活動が自分自身だけでなく無数の他者の人生を豊かにし深めていることを感じよう。自分は回路で、形として現れていないあらゆる生命の源から発するエネルギーが自分を通じて流れ、すべての人々のために役立つことを感じ取ろう。

そのためには、目標やビジョンが自分自身のなかで（心と感情のレベルで）、すでに現実になっている必要がある。情熱とは心のなかの青写真を物理的な次元に移し替える力だ。これこそが心の創造的な活用方法であり、だからこそそこでは欠落も欲望も関係ない。あなたは自分に欠けていて欲するものを表現することはできない。すでにもっているものを表現することができるだけだ。刻苦勉励とストレスによって欲望を満足させられるかもしれないが、それは新しい地におけるあり方ではない。

心の創造的な活用方法と、どうすれば意識的に形を現すことができるかについて、次のイエスの言葉は大切なことを教えている。「祈って求めるものは、何でもすでに受け取っていると信じなさい。そうすれば、その通りになる」[4]。

## 新しい意識の担い手たち

形へと外に向かう動きは、すべての人に同じ強さで現れるわけではない。築き、創造し、関与し、達成し、世界に強烈な影響を与えたいという激しい衝動を感じる人もいる。その人たちが無意識なら、もちろんエゴが支配して、外に向かう動きのサイクルのエネルギーを利己的な目的のために使うだろう。だが、この人たちが使える創造的なエネルギーの流れは大きく低下し、自分が欲するものを獲得するのに必要な「努力」が増大する。逆に意識に目覚めていれば、外に向かう動きの強い人たちはきわめて創造的になる。いっぽう、自然な拡大の軌跡をたどって成長したあとは、外から見れば目立たない、受身で比較的波乱のない人生を過ごす人もいる。

後者の人たちは本来内向きで、形へと外に向かう動きは最小限に留《とど》まる。彼らは出かけていくよりも、帰っていくだろう。世界に強く関わりたいとか、世界を動かしたいとは毛頭思っていない。野心があるとしても、ふつうは自立して暮らせるだけの何かを見つけたいという程度だ。この世界にうまくなじめないと感じる人たちもいる。定期的な収入のある仕事に就くとか小さな事業を起こすことによって、自分に合ったささやかな場所を見つけ、比較的安楽な人生を送る人もいる。スピリチュアルなコミュニティや僧院での暮らしにひかれる人もあるだろう。世間からドロップアウトして、なじむことのできない社会の底辺で生きる人たちもいるはずだ。この世界での暮らしがあまりに苦しくて、ドラッグに走る者もある。最終的にはヒーラーやスピリチュアルな指導者、つまり「大いなる存在（Be·ing）」を教える立場になる者もいる。

昔ならこういう人たちは瞑想家《めいそうか》、黙想家などと呼ばれた。現代文明にはこの人たちの場所がないように思われる。だが新しい地が実現すれば、彼らも創造者、活動家、改革者と同じように重要な役割を担うだろう。彼らの仕事はこの地球に新しい意識の周波数を根づかせる錨《いかり》となることだ。そこで、この人たちを新しい意識の担い手と呼ぼうと思う。彼らの使命は日々の暮らしを通じて、「ただ在ること」と他者との関わりを通じて、新しい意識を生み出すことだ。

この人たちはそのあり方を通じて、一見ささいなことに深い意味を付与する。彼らが何をするにしても、その仕事はまさにいま、ここに在ることを通じて広い静寂をこの世界にもたらすことだ。彼らの行動はどんなシンプルなものでも意識がこもっており、したがって質が高い。彼らの目的はすべてのことを聖なるやり方で行うことだ。個々の人間は人類の集団的意識と不可分だから、彼らが世界に与える影響は表面的に見えるよりもはるかに深い。

# 新しい地はユートピアではない

新しい地というのは、もう一つのユートピアにすぎないか？　そうではない。あらゆるユートピアのビジョンには一つの共通点がある。すべてがうまくいき、すべてが守られ、平和と調和が実現して、問題がすべて解決する未来が描かれていることだ。ユートピアのビジョンはたくさんあった。一部は失望に終わり、その他は大惨事につながった。

すべてのユートピアのビジョンの核心には、古い意識の構造的な機能不全が横たわっている。救済を未来に求めているのだ。未来はただあなたの心のなかの思考として存在するだけで、救済を未来に求めるなら、無意識のうちに自分の心に救済を求めることになる。つまり形に、エゴの罠《わな》に落ちる。

[5]「私は新しい天と新しい地を見た」と、聖書の預言者は書いた。新しい地の基礎は新しい天——目覚めた意識——である。地——外部的な現実——は、意識の外部への投影にすぎない。**新しい天が生まれ、新しい地が実現するということは、私たちを解放してくれる未来の出来事ではない。何ものも「将来」私たちを解放してはくれない。なぜなら、私たちを解放するのは、現在のこの瞬間だけなのだから。そこに気づくこと、それが目覚めである。**未来の出来事としての目覚めなど、何の意味ももたない。目覚めとは「いまに在る」状態に気づくことだからだ。だから新しい地、目覚めた意識は、実現すべき未来の状態ではない。**新しい天と新しい地**

**は、いまこの瞬間にあなたのなかに生じている。**いまこの瞬間に生じていないなら、それは頭のなかの思考の一つにすぎず、したがって生まれ出ることもない。イエスは弟子たちに何と言ったか?「神の国はあなたがたのなかにある」[6]。

イエスは山上の垂訓《すいくん》である預言をしたが、いまに至るまでその預言を理解した人はごく少ない。

イエスはこう言った。「柔和な者は幸いである。その人は地を受け継ぐから」[7]。いまの聖書では、「柔和な」とは慎《つつ》ましいという意味だと解釈されている。柔和な人、慎ましい人とは誰なのか、そして彼らが地を受け継ぐとはどういう意味か?

柔和な人とは、エゴのない人だ。自分の本質が意識であることに気づき、その本質をすべての「他者」、生きとし生けるもののなかに認める人だ。彼らは慎ましく大いなるものに身を委ね、それゆえに全体及びすべての源との一体感を覚えている。彼らは自然を含め地上の生命のすべての側面を変えようとする目覚めた意識そのものだ。地上の生命(人生)は、生命を認識し生命と相互作用する人間の意識と不可分だからである。それが、柔和な者が地を受け継ぐということだ。

**たったいま、地上に人類の新しい種が生まれようとしている。あなたもその一人だ!**

# 註

## 第一章

1. ヨハネの黙示録　二十一章一節、イザヤ書　六十五章十七節（新改訂標準約聖書）

## 第二章

1. マタイの福音書　五章三節
2. ピリピ人への手紙　四章七節

## 第三章

1. ルカの福音書　六章四十一節
2. ヨハネの福音書　十四章六節
3. ヨシ・K・ハレヴィ『平和の前提としての内省』ニューヨークタイムズ　二〇〇二年九月七日
4. アメリカ司法省統計局　刑務所統計　二〇〇四年六月
5. アルバート・アインシュタイン『私の世界観（Mein Weltbild）』第二十五版（Frankfurt : Ullstein Verlag　一九九三年）英文への翻訳はエックハルト・トール

## 第四章

1. ウィリアム・シェークスピア『マクベス』（New York : New American Library）
2. 同『ハムレット』

## 第六章

1. マタイの福音書　五章四十八節

## 第七章

1. ルカの福音書　六章三十八節
2. マルコの福音書　四章二十五節

3. コリント人への手紙一　三章十九節
4. 老子『道徳経』二十八章
5. 同　二十二章
6. ルカの福音書　十四章十節～十一節
7. ケナ・ウパニシャッド

**第八章**

1. 伝道者の書　一章八節
2. 『奇跡のコース』ワークブック　第一部、レッスン五（California : Foundation for Inner Peace, Glen Allen　一九九〇年）八ページ
3. ルカの福音書　十七章二十節～二十一節
4. フリードリッヒ・ニーチェ『ツァラトゥストラはこう語った：すべての、そして誰でもない者のための書』（New York : Viking　一九五四年）二八八ページ
5. 創世記　二章七節

**第九章**

1. ヨハネの福音書　五章三十節、同　十四章十節
2. マタイの福音書　六章二十八節～二十九節

**第十章**

1. ハフィズ『贈り物』（New York : Penguin, Arkana　一九九九年）ダニエル・ラディンスキー訳
2. ラルフ・ウォルド・エマーソン『サークル』ラルフ・ウォルド・エマーソン著『エッセイ、講義、詩選集』（New York : Bantam Classics）
3. ヨハネの福音書　五章三十節
4. マルコの福音書　十一章二十四節
5. ヨハネの黙示録　二十一章一節
6. ルカの福音書　十七章二十一節
7. マタイの福音書　五章五節

# 訳者あとがき

訳者にはそろそろ九十歳になる叔母がいて、たまに電話で話すと、必ず「ほんとうにおかしな世の中だねえ、嫌な世の中だねえ」と言う。おかしいのは異常な天候で、嫌なのは親が子を、子が親を殺す事件であったりするわけだが、しかし政治や経済、社会を含めて、いまの世界はなんだかおかしいという思いをおもちの方は多いのではないか。おかしいとは思うのだが、どうすればいいのかとなると、さて……と困惑してしまう。

本書の著者トールさんは、変なのは私たち人間だ、と言う。変な人間がつくっている社会だから変なのだ。だが人間が、人間の意識が変われば、つくり出す世界も変わる。そうなれば新しい地、ニュー・アースが生まれる。そして、その人間の意識の変容はいま起こり始めている、と。

それでは人間はどう変なのか。人間はエゴをほんとうの自分と混同している。エゴとは思考、妄想、私たちのなかにあって「私が、私が」と言いたがる存在だ。しかもエゴはそれ自体では存在できず、何かに自分を「同一化」せずにはいられない。これが人類につきものの「機能不全」である。そして、その何かとはブランド品などのモノであったり、地位や名誉、さまざまな役割などであったりする。だが、しょせんそれは同一化の対象であって、自分そのものではないから、何に同一化しようともエゴは決して満足しない。もっともっとと求め続ける底なしの穴に落ち込む（これが消費社会の基盤であるという指摘には深くうなずかされた）。

　この機能不全を解決するにはどうすればいいか。エゴではない、その奥にあるほんとうの自分に目覚めることだ。ほんとうの自分とは、いまのこの瞬間に生きて在る私、エゴのように何ものかによって自己イメージを支える必要のない、あるがままの自分である。そこに気づけば、新しい意識が生まれる。

　ここで訳者のささやかな体験をお話ししたい。この夏、娘夫婦に子どもが生まれ、半月ほど手伝いに行った。その間、自宅を離れて実に不思議なほど穏やかな日々を過ごした。なぜだったのかとしばらく考えて思い当たったのは、自分が「主役を降りていた」ことだった。ここの主役は若い夫婦と赤ん坊で自分は脇役《わきやく》、そう思って、そのときどきに求められることだけをしていた。ふつうは自分の人生の主役は自分だと思っている。だから「私は」ああしたい、こうしたいと思う。「エゴ」がしゃしゃり出る。そして思うようにならないと苛立《いらだ》つ（この世のことはたいてい、思うようにはならない）。だが自分は主役ではないと思い定めると、エゴの出番がなくなるらしい。すると、実に安らかな気分になれるのだ。だが考えてみれば、自分の人生はどうころんでも自分の人生で、決して他者の人生になることはない。とすれば、あのときの主役はトールさんの言う「いま、この瞬間の自分」だったのかもしれない。エゴにほんの少しお引き取りを願うだけで、あのような静かな穏やかな気持ちになれるとは、実に嬉《うれ》しい発見だった。

いま、地球上の人類は種《しゅ》としての危機を迎えている。しかし、この危機は飛躍のチャンスでもある。そしてその飛躍を可能にするのは、私たち一人一人がエゴから脱して、ほんとうの自分に立ち戻ることである、と著者は言う。本書には、仏教、キリスト教からインド哲学までを踏まえて世界観、宇宙観、人間観を語る著者の叡智《えいち》が詰まっている。同時に訳者が体験したような、「もっと多くを求めずにいられないエゴの泥沼」からたったいま脱して安らかな気持ちになるための実際的なノウハウも教えてくれる。まずは読者のみなさんが楽な安らかな気持ちになってくれますように、そしてその新しい意識がどんどん広がって人類に新しい地が訪れますようにと願ってやまない。

終わりに、本書をサンマーク出版にご紹介くださったタトル・モリ　エイジェンシーの玉置真波さん、それを受けて急遽《きゅうきょ》出版を決めてくださった同社の植木宣隆社長、そして大忙しで手続きを進め、編集にあたってくださった武田伊智朗さん、佐藤理恵さんに心からお礼を申し上げたい。ほんとうにありがとうございました。

二〇〇八年　秋

吉田　利子

**エックハルト・トール（Eckhart Tolle）**
特定の宗教あるいは伝統的な教義に属さない現代のスピリチュアルな指導者。著書やセミナーを通じ、苦しみから脱して安らぎを得る方法はあるというシンプルだが深いメッセージを送り続けている。その語り口は、古代のスピリチュアルな師たちと同じく、時代を超えて平明でわかりやすい。世界各地に講演旅行を行っている。ブリティッシュ・コロンビア州ヴァンクーヴァー在住。

**吉田利子（よしだ・としこ）**
埼玉県出身。東京教育大学文学部卒業。訳書に『神との対話』シリーズ（小社）、『日はまた昇る』（草思社）、『火星の人類学者』（早川書房）、『神の使者』（河出書房新社）、『引き寄せの法則　エイブラハムとの対話』（ソフトバンククリエイティブ）など。

**ニュー・アース**

2008年10月25日　初版発行
2021年6月20日　第19刷発行

著　者　エックハルト・トール
訳　者　吉田利子
装　丁　坂田政則
本文組版　onsight
編集協力　株式会社ぷれす
発行人　植木宣隆
発行所　株式会社 サンマーク出版
〒169-0075
東京都新宿区高田馬場2-16-11
(電)03-5272-3166
印　刷　共同印刷株式会社
製　本　株式会社若林製本工場



ISBN978-4-7631-9872-3　C0030
ホームページ　http://www.sunmark.co.jp